Renée und Bruno
Weihsbrodt

Vitalkost-Rezepte

Bücher können gefährlich sein.
Die besten sollten mit dem Aufkleber
**„Achtung, diese Lektüre
könnte dein Leben verändern"**
versehen werden.

Helen Exley

Für unsere Kinder Iris-Adrienne und Leandra-Maria, die uns jedes Jahr auf's Neue an das Geheimnis des Lebens erinnern.

ISBN: 978-3-99025-121-8
© 2014, Freya Verlag KG
Alle Rechte vorbehalten
www.freya.at

Layout: Daniela Waser, freya_art
Lektorat: redpen
Fotomaterial: Bruno Weihsbrodt
© Dreamstime: Anphotos, Magentael;
© Fotolia: photocrew, Christoph Werner, Stefan Körber, Barbara-Maria Damrau, unverdorben, Corinna Gissemann, pashabo, forestpath, cut, twixx, Maksim Shebeko, kulikovan, djama, Chrispo, photocrew, lily, scis65, Jürgen Fälchle, scis65, Alekss, kiboka, womue, sdubrov, Lucky Dragon, Jessmine, vvoe, hjschneider, mgp, margo555, Africa Studio, denio109, Coprid, Kitty, wjarek, sommai, milosz_g, blash, emer, stockcreations, bozulek, volff, Alexander Raths, Alexander Raths, Africa Studio, EwaStudio, Martin Große, TwilightArtPictures, Oksancia, guy, Carina Hansen, Bernd S., Barbara Pheby, ArtemSam, by-studio; Cover – © Fotolia: sil007, tycoon101, IngridHS
Wikipedia

printed in EU

Die Verfasser geben weder direkt noch indirekt medizinische Ratschläge, auch verordnen sie keine Diät ohne medizinische Beratung als Behandlungsform für Krankheiten. Ernährungsfachleute und Experten auf dem Gebiet der Gesundheit und Ernährung vertreten vielfach unterschiedliche Meinungen. Die Verfasser stellen keine Diagnosen und erteilen keine Verordnungen. Unser Ziel ist es, unsere Erfahrungen mit Gemüse-Rohkost zu veröffentlichen.
Wenn Sie diese Ernährungsform ohne ärztliche Rücksprache anwenden, greifen Sie zur Selbstbehandlung, ein Recht, das Ihnen zusteht. Herausgeber, Verfasser und Verlag übernehmen dafür keine Verantwortung.

Renée und Bruno Weihsbrodt

Vitalkost-Rezepte

Intelligent kombiniert

freya

Inhalt

Vorwort 8
Der Wert von biologisch erzeugten
Lebensmitteln 10

Was ist Rohkost? 14
Naturnahe Vitalkost
nach Weihsbrodt 15

Richtig Essen 18
Rohkostbrot – Essener-Brot 19

Keimlinge 24
Das Keimen 26
Keimlinge für ein Rohkostbrot 28

Rezepte

Rezepte-Ampel 40

Rohkostbrot 41
Renées Lieblingsknusper 41
Alfalfasprossen-Brot 42
Leinsamen-Tomaten-Brot 43
Leinsamen-Gemüse-Brot Marcel 44
Brot Konstantin 45
Leinsamenkeimling-Brot Gudrun 46
Essener-Leinsamenbrot Leandra 47
Paprikabrot Oberndorf 48
Karottenbrot Tim 49
Tomaten-Brot Claudia 50
Tomaten-Brot Katrin 51

Rohkostbrot Sonja Grundrezept und
mit süßer Mohnfülle 52
Füllung mit getrockneten Pflaumen
[Zwetschken] 54
Essener-Brot mit Roten Rüben [Rote
Bete] und Karotten Adelheid 55
Süßes Bananenbrot mit
Buchweizenkeimlingen Florian 56
Bananen-Fruchtleder 57

Gewürze 59
Gewürze für Salate und Rohkostbrote 59

Suppen 72
Rohkost-Paprika-Suppe Sandra 72
Tomaten-Zwiebel-Suppe Harald 73
Tomaten-Kokos Suppe Annemarie .. 74
Gemüsesuppe Lorenz 75

Salate 76
Salat mit Sprossen 76
Salatdressing oder Partydip Julius .. 77
Salat Silvio 78
Wintersalat Bruno 79
Gefüllte Salattaschen Marianne 80
Salatdressig – Krautpesto Quetta ... 81
Bittersalat Amelie 82
Herzerlsalat Ursula 83
Salat Waldhausen 84
Salat Christian 85
Tomaten-Kopfsalat Erika 86
Joghurtsalat Elke 87
Salat Tanja 88

Salat Maria 89
Mittagssalat Juliana 89
Spiru-Vital-Salat Peter 90
Krautsalat Jakob 91

Pesto 92
Paprika-Meerrettich-Pesto Siegfried ... 92
Grünes Pesto Gundula 93
Selleriepesto Sebastian 94
Brennessel-Pesto / -Suppe 95
Tomatenpesto 96
Bärlauchpesto Lydia 97

Hauptgerichte 98
Kurkuma-Karfiol [Blumenkohl] Sonja 98
Tomaten-Rohkost mit geriebenem
Karfiol [Blumenkohl] 99
Grundrezept Knödel Regina 100
Gefüllte Gurke Iris-Adrienne 101
Gefüllter Eisbergsalat Nicoletta 102
Gefüllte Tomaten Rudolf 103
Rotkraut Stefan 104
Karottenspaghetti mit Cashewsauce
Claudia Styblo.. 105
Rote Rüben [Rote-Bete]-Ravioli
Madleen Styblo 106
Gefüllte Paprika Hildegard 107
Sonnenlaibchen Viktor 108
Renées Bananen-Buchweizen-Teller .. 109
Heidelbeercreme Martha 110
Heidelbeercreme................................... 111
Mischen von (Wild-)früchten &
Trockenfrüchten.................................... 112
Lucuma.. 112

Süßspeisen............... 113
Käsekuchen Leandra 113
Bananenkuchen Natalie 115
Heidelbeer-Bananen-Kuchen 116
Mohnkuchen Adrienne 118
Mohn-Karotten-Kuchen Josef 119
Buchweizen-Karotten-Torte Bruno ... 120
Kokos-Banane-Heidelbeertorte
Benno.. 121
Rohkostkugeln Berta 123
Energiekugeln Joseppe 124
Mandelkugeln Vanessa 125
Weihnachtslebkuchen Julia 126
Zirbenschokolade Clemens 127
Weiße Schokolade Paul 128
Pfefferminzschokolade Eleonore
mit Carob 129
Rohkostschokolade Johann................. 130
Rohkostschokolade Janette 131
Rohkostschokolade Anastasia 132
Schnelle Rohkostschokolade Hanna . 133
Carob-Trinkschokolade 134

Rohkosteis 135
Himbeereis 135
Johannisbeereis Sonja 136
Eis Soraja.. 137
Himbeereis Günter 138
Himbeereis Leandra-Maria 139
Johannisbeereis Isolde 140
Heidelbeereis Guiseppe 140
Brombeereis Gianni 141
Bananen-Baobab-Eis Diver l............... 142

Smoothies 144

Tomaten-Basilikum-Smoothie
Cleopatra 144
Mandelmilch Penelope 145
Green Smoothie Erasmus 145
Trinkkakao Angelika 146
Mandelkakao Robert 146
Salatsmoothie Anneliese 147
Carob-Trinkschokolade Siegfriede 147
Smoothie Allegra 148
Smoothie Anton 148
Smoothie Helene 149
Smoothie Christine 149
Smoothie Walter 150
Smoothie Valentin 150
Glühfeige Severin 151
Salatsmoothie Bibi 151
Eisbergsmoothie Verena 152
Brunos Würzkonfekt 153

Baobab 154

Wildkräuter- und Gräserrezepte........... 155

Vogelmieren-Smoothie Anna 155
Smoothie Verdauungsfeuer 155
Smoothie Hubert 156
Guten-Morgen-Smoothie Bibiane 156
Süßer Bananensmoothie Tina 157
Graspesto Teresa 157
Graspesto Meinhard 158
Wildkräuter-Erfrischungsmix............ 158
Wildkräuter-Graspesto Sabine 159
Carob-Drink Bastian 159

Nüsse und Rohkost............................... 160

Gräser 162

Gräser und Wildkräuter 163
Gräser in der Ernährung 163
Wildkräuter 167

Öle und mehr 172

Hochwertige Öle................................... 173
Warum kein Essig?.............................. 173
Die richtige Mischung macht's! 174

Freunde gewinnen mit Vitalkost........ 178
Die Autoren.. 180
Sie wollen Kontakt aufnehmen? 181
Quellenangaben 182

Vorwort

Vorwort

Bei Vorträgen und Workshops tauchte immer wieder die Frage nach einem Rohkost-Rezeptbuch auf. Die von uns kreierten Smoothies, Pestos und Rohkostbrote sind, was die Zutaten betrifft, ungewöhnlich, aber von gutem Geschmack. Trotzdem die Zubereitung einfach aussieht, ist es für viele Anwender hilfreich, den Ablauf nachlesen zu können. So wurde die Idee zu diesem Buch geboren.

Die Zubereitung von Rohkostbroten und Smoothies wird mit Schritt-für-Schritt-Anweisungen erleichtert, was zu optimalen Ergebnissen führt. Unsere Kreationen sollen inspirieren und Perspektiven eröffnen.

Rohkost muss in Zukunft einen hohen Stellenwert in jedem Leben einnehmen, davon sind wir überzeugt. Wir haben so viele positive Erfahrungen mit dieser Form der Ernährung erleben dürfen, dass wir die Vorteile der Rohkost propagieren und vermitteln. Übergewicht gehört mit richtig zusammengestellter Rohkost der Vergangenheit an. Die Art und Weise der Zusammenstellung der Zutaten entscheidet, ob Gewicht zugelegt oder verringert wird. Gerade Rohköstler sind sportlich aktiv und voller Lebenslust. Richtige Rohkost macht nämlich gesund, leistungsfähig und leistungsbereit. Gute Verdauung und ungestörter Schlaf sind durch Rohkosternährung etwas Selbstverständliches.

Für Anfänger erwähnen wir die bei der Zubereitung von Rohkost zu verwendenden Geräte. Es handelt sich bei unseren Küchengeräten um qualitativ hochwertige Profimaschinen. Das heißt aber nicht, dass viele Rezepte nicht auch mit einfacheren Modellen hergestellt werden können. Wir stellen jene Maschinen vor, mit denen wir gerne arbeiten. Da wir eine Familie zu versorgen haben und die Geräte in unzähligen Vorträgen brauchen, haben wir natürlich solche ausgesucht, die leistungsfähig, einfach in der Handhabung, leicht zu reinigen und belastbar sind.

Leider verwenden viele Menschen heute außer Pfeffer und Salz kaum noch Gewürze. Deshalb liegt ein Schwerpunkt auf Lieblingsgewürzen und ihrer positiven Wirkung auf unsere Verdauung und Gesundheit. Wer weiß schon, wie heilsam und köstlich Kardamom, Curry oder Kurkuma sind? Oder wie positiv die Wirkung von dem Gewürz Zimt auf unsere Gesundheit ist?

Ohne Samen und Keimlinge kommt man in einer Rohkost-Ernährung nicht aus. Jene Samen, die wir schon gekeimt und für Rohkostbrote und Salate verwendet haben, stellen wir vor. Manche davon haben ihre Eigenheiten. Der Buchweizen etwa schleimt extrem. Um ihn zum Keimen zu bringen, braucht es etwas Erfahrung. Die Tipps und Tricks für ein erfolgreiches Keimen garantieren den Erfolg.

Es ist bedauerlich, mit welchem Gifteinsatz heute in der Landwirtschaft gearbeitet wird. Es ist nun einmal so, dass wir nur eine Erde zur Verfügung haben – und dass die Erde rund ist. Das bedeutet für uns, dass die Umweltverschmutzung und Luftverpestung nicht an den Landesgrenzen stehen bleiben, sie werden uns irgendwann alle betreffen. Die Zukunft kann nur in einem achtsamen und lebensfördernden Umgang mit der Natur liegen.
   Deshalb ist zu empfehlen, beim Einkaufen Wert auf biologische und ökologische Ware zu legen. Nicht nur, dass wir mit diesen Einkäufen die Biobauern fördern, wir pflegen auch unsere eigene Gesundheit und fördern die Artenvielfalt in der Natur.

In diesem Sinne wünschen wir viel Spaß beim Lesen
und Umsetzen unserer Rezepte!

Renée und Bruno Weihsbrodt

Der Wert von biologisch erzeugten Lebensmitteln

In den Medien hört man immer öfter, dass Konsumenten zu viele Nahrungsmittel einkaufen und die Überschüsse dann im Müll landen. Das ist bedauerlich, wenn wir bedenken, wie viel Know-how, Fachwissen und Können dazu gehört, um Obst und Gemüse in solchen Mengen ernten zu können. Unsere Landwirte müssen die widrigsten Umstände bewältigen, denn wir Menschen brauchen immer zu essen, egal ob drei Wochen die Sonne scheint, oder ob es drei Monate ununterbrochen regnet. Durch Importe könnten Engpässe ausgeglichen werden, doch die konventionelle Landwirtschaft genießt gerade im Ausland mehr Freiheiten als bei uns und verwendet chemische Substanzen, die hierzulande längst verboten sind.

Die moderne Landwirtschaft kämpft mit nachlassender Fruchtbarkeit der Böden, mit Erosion, dem Verlust der fruchtbaren Krume und mit Kostenexplosion durch den hohen Einsatz von Pestiziden, Düngemitteln sowie dem Einkauf von genmanipulierten Samen.

Um fruchtbaren Boden zu bekommen und zu erhalten, brauchen wir den biologischen Anbau. Nur in einem gesunden Boden leben genügend Mikroorganismen, Bakterien und Tiere. Nur ein gesunder Boden kann übermäßigen Regen aufnehmen und bleibt widerstandsfähig bei langen Trockenperioden. Nur ein gesunder Boden ist jedes Jahr aufs Neue fruchtbar. Und das Wichtigste für uns: Nur auf einem gesunden Boden wachsen auch gesunde Pflanzen.

Menschen, die biologische Lebensmittel kaufen, sind geistige Vordenker; Vordenker, die verstehen, dass die Natur keine gesunden Nahrungsmittel hervorbringen kann, wenn sie gleichzeitig mit Giften behandelt wird.

Unser Problem ist, dass Lebensmittel aus konventioneller Landwirtschaft wunderbar aussehen. Wir können uns gar nicht vorstellen, dass dieser knackige Apfel, dass diese leuchtenden Orangen, die wir in den Einkaufswagen legen, von Anfang an mit Pestiziden behandelt werden.

Werner Lampert, ein Bio-Pionier und Autor des Buches Schmeckt's noch? Was wir wirklich essen, beschreibt sehr eindrucksvoll, wie heutzutage Kartoffeln angepflanzt werden.

„Die Saatkartoffeln, die in die Furchen gelegt werden, sind mit einem systemisch wirkenden Insektizid gebeizt, das die Drahtwürmer und noch manches mehr zur Strecke bringt. Die jungen Pflanzen saugen das Gift auf, und für einige Zeit stirbt jedes Insekt, das an der Knolle oder an den Blättern frisst.

Dann kommt die Zeit, ein Herbizid zu spritzen, um Unkraut zu vernichten. Wenn die Blätter der Erdäpfel aufeinandertreffen, das wird Reihenschluss genannt, muss ein Fungizid gegen die Blattfäule bzw. Knollenfäule ausgebracht werden. Im Sommer wird dann etwa zwei Mal ein Insektizid gegen den Kartoffelkäfer angewandt. Ein Bauer erzählt: Ich betrete dann für fünf Tage meine Felder nicht mehr, nachdem ich dieses Gift gespritzt habe."

Was soll man dazu noch sagen?

Es ist kein Zufall, wenn die Bienen sterben. Das ist nur eine natürliche Folge unserer falschen Lebensweise. Der Gifteinsatz in der Landwirtschaft ist mittlerweile so normal, dass gar nicht mehr darüber gesprochen wird – außer wenn noch größere Schäden auftreten als berechnet wurden.

Die Bilder aus China, wo Landarbeiter mit großen Pinseln die Bestäubung von Pflanzen per Hand übernehmen müssen, gingen um die ganze Welt. Bienen gibt es in diesen Gegenden aufgrund des Einsatzes von Giften einfach nicht mehr – aber ohne Bestäubung keine Früchte! Bei Getreide mag das vielleicht weniger Auswirkungen haben, aber besonders bei Obst sind durch fehlende Insektenbestäubung hohe Ernteeinbußen zu erwarten. Die Substanzen, die solche Aufregung um das Bienensterben verursacht haben, gehören zur Gruppe der Neonikotinoide. Wie der Name schon vermuten lässt, sind diese Substanzen chemisch mit Nikotin verwandt. Für Insekten sind diese Insektizide extreme Nervengifte. In der Pflanze werden diese Stoffe langsam abgebaut. Wenn sie in den Boden gelangen, werden sie erst mit einer Halbwertszeit von ein bis drei Jahren abgebaut. In der Praxis bedeutet das aber, dass sich die Gifte akkumulieren und auch die Grund- und Oberflächengewässer belasten können. Die Politik setzt offensichtlich keine Schritte gegen diese unzumutbare Belastung der Natur.

Wie können wir persönlich diese schwierige Situation beeinflussen? Es gibt zahlreiche positive Beispiele von Menschen, die in ihren Gärten biologisch arbeiten und keine Gifte verwenden.

Gerade die Kleingärtner erleben derzeit einen großen Aufschwung, da viele Menschen sich nach einer grünen Oase sehnen, den natürlichen Wechsel der Jahreszeiten wieder erleben möchten, und es genießen, wenn sie eigenes Obst und Gemüse ernten können.

Deutschland erlangt mit interessanten Aktionen positive Schlagzeilen. Der Geoökonom Lutz Kosack und die Gartenbauingenieurin Heike Boomgaarden hatten 2010 die Idee, die Stadt Andernach am Rhein in eine essbare Stadt zu verwandeln. Ganz modern spricht man heute von einem Urban-Gardening-Projekt. Nach drei Jahren sind heute ca. 13.000 Quadratmeter der städtischen Grünflächen mit Obst, Gemüse und Blumen bepflanzt, die jeder pflücken darf. Denn statt „Betreten verboten" heißt es in Andernach: Pflücken erlaubt! Wer selber erntet, bekommt alles kostenlos und kann sich das Gemüse und Obst mit nach Hause nehmen. Für die Pflege der Anlagen werden neben den Angestellten der Stadt auch Freiwillige und Langzeitarbeitslose eingebunden, die durch dieses Angebot eine sinnvolle

Beschäftigung und Selbstbestätigung finden. Das ganze Projekt kommt ohne Herbizide und Pestizide aus und setzt ganz auf biologische Landwirtschaft. Neben seltenen Pflanzen, die teilweise auf der Roten Liste stehen, wie zum Beispiel dem Adonisröschen (nicht essbar!), wurden 2010 fast 300 verschiedene Tomatensorten angepflanzt.

2011 wurden über 100 Bohnenarten angepflanzt, und 2012 lag der Schwerpunkt auf Zwiebelgewächsen. Die Samen werden nicht gehortet, sondern die Einwohner werden ermutigt, diese mit nach Hause zu nehmen und in ihren eigenen Gärten anzubauen und zu vermehren. So wird alles getan, um wieder eine große Artenvielfalt entstehen zu lassen. Nebenbei unterstützt diese Idee sicher den Tourismus, denn so etwas sieht man nicht jeden Tag!

Wir sehen also, wie viele positive Entwicklungen auf dem Gebiet der biologischen Landwirtschaft bereits existieren. Für uns Konsumenten ist das die Gelegenheit, uns mit wertvollen Lebensmitteln einzudecken. Wer in der Nähe einen Anbieter findet, der Menschen mit hochwertigen Produkten versorgt, sollte auch dort einkaufen!

Was ist Rohkost?

Unter dem Begriff der Rohkosternährung werden verschiedene Ernährungsrichtungen zusammengefasst. Rohkost ist eine sehr populäre Lebensweise mit verschiedensten Schwerpunkten und Überzeugungen.

Grundsätzlich existieren folgende Richtungen:

- Rohkost mit tierischen Produkten wie Fleisch und Fisch: **Auf den ersten Blick mag das ungewöhnlich und gewöhnungsbedürftig erscheinen. Das populäre Sushi (roher Fisch) oder Beef Tatar (rohes, faschiertes Rindfleisch) wird von diesen Anhängern dieser Gruppe gegessen, zu der auch die Anhänger der Instinktotherapie gehören.**

- Vegane Rohkost: **Das ist Rohkost, die gänzlich auf Fleisch, Fisch, Eier und alle Produkte aus Tiermilch verzichten. Bekannte Vertreter dieser Form waren Arnold Ehret und Norman Walker.**

- Vegetarische Rohkost: **Diese Gruppe der Rohkost verwendet geringe Mengen von Obers (Sahne), Butter und Milchprodukten. Auch Eier werden teilweise empfohlen. Bekannte Vertreter dieser Richtung sind Are Waerland, Herbert Shelton oder J. G. Schnitzer.**

Allen diesen Ernährungsformen ist gemeinsam, dass die verwendeten Lebensmittel roh – und darunter verstehen wir unter 42 Grad, getrocknet oder behandelt – verzehrt werden. Auch Käse, Butter, Sahne, Trockenfrüchte und vieles mehr können in Rohkostqualität erworben werden, wenn auch nur in Spezialgeschäften oder direkt vom Erzeuger.

Naturnahe Vitalkost nach Weihsbrodt

Naturnahe Vitalkost ist eine Rohkost-Ernährung. Wir empfehlen diese Ernährungsform, weil sie unverfälscht ist und auf unseren Körper sehr positive Auswirkungen hat. Eine Seminarteilnehmerin nannte unsere Ernährungsform „eine Liebeserklärung an den eigenen Körper".

Rohkost ist eine Ernährungsform, die alle Nahrungsmittel unbehandelt auf unseren Teller bringt. Dadurch brauchen sie keine Verarbeitungsstoffe, E-Nummern, Zusätze von problematischen Stoffen wie Glutamat oder Aromen, Stabilisatoren, synthetische Vitamine und Konservierungsstoffe. Rohkost kommt frisch von der Natur. Diese Frische und Natürlichkeit verbindet uns mit der uns umgebenden Natur. Wir leben bewusster und erkennen, was uns wirklich wichtig ist. Durch den natürlichen Geschmack werden wir nicht manipuliert und laufen nicht Gefahr, mehr zu essen, als uns gut tut.

Vitalkost besteht aus Nahrungsmitteln, die entweder vollkommen frisch sind oder die unter 42 Grad getrocknet wurden. Alle anderen Lebensmittel belasten unseren Körper. Dazu gehören für uns alle Milchprodukte, Sojaprodukte und Konserven. Bei zu starker Erwärmung verändern sich Eiweiße, und Enzyme gehen verloren.

Rohkost wirkt nicht schleimbildend. Dadurch werden Erkältungen mit Husten und Heiserkeit zu seltenen Erscheinungen. Mit richtig kombinierter Rohkost erreicht jeder Mensch innerhalb kürzester Zeit sein Idealgewicht. Rohköstler sind schlank. Es fällt auf, dass die meisten Rohköstler sportlich sind und sich gern bewegen.

Richtige Rohkost belastet die Verdauung nicht, und deshalb fällt uns die tägliche Bewegung leichter.

Mit Rohkost bekommt jeder Mensch jede Menge Vitamine, Mineralstoffe und Bioflavonoide. Was er nicht bekommt, sind schlechte Fette. Rohköstler legen Wert auf kalt gepresste Salatöle und genießen die verschiedenen Geschmacksrichtungen verschiedenster Ölsaaten.

Richtige Rohkost erhöht die Leistungsfähigkeit. Die Nahrung wirkt sich nicht belastend auf unseren Organismus aus, sondern wirkt kräftigend und belebend.

Naturnahe Vitalkost nach Weihsbrodt und ihre Richtlinien:

- kein Fleisch, kein Fisch
- keine industriellen Süßigkeiten
- keine Milchprodukte
- kein Soja
- keine Backwaren

- hoher Salatanteil (ganz wichtig!)
- die richtige Mischung macht's
- nur hochwertige Öle
- Gras
- Kräuter
- Obst und Gemüse (im richtigen Verhältnis)

Nähere Hintergrundinformationen zum Einstieg in diese Ernährungsform finden Sie in unserem Buch: *Intelligente Ernährung, Freya Verlag 2014*

Die naturnahe Vitalkost nach Weihsbrodt unterscheidet sich von anderen Rohkostformen

- durch die Verwendung von Wildkräutern und Gräsern, welche auch schon unsere Vorfahren verwendet haben
- durch die Mengenbestimmung der Kräuter durch Geschmackskontrolle: Wann kommt die natürliche Sperre?
- durch das richtige Kombinieren von Nahrungsmitteln
- durch die Kenntnis der Nahrungsinhaltsstoffe und ihrer Wirkung auf den Körper
- durch die spezielle Behandlung von Nüssen
- durch die Kenntnis der Auswirkungen von Chlorophyll auf unseren Körper
- durch das Wissen über die Gefahren von zu viel Fruchtzucker

Ein zu hoher Anteil an Fruchtzucker und ein damit meist einhergehender Mangel an Chlorophyll in der Nahrung eines Rohköstlers können der Gesundheit abträglich sein.

Wildkräuter werden nur in gewissen Entwicklungsstadien geerntet, und die Inhaltsstoffe werden genau beachtet. Durch diese Regel können bestimmte Pflanzen nur in bestimmten Jahreszeiten geerntet und genützt werden.

Richtig Essen

Immer wieder kommen wir auf Seminaren, Workshops oder in Telefonaten mit Menschen in Kontakt, die Probleme mit ihrem Essverhalten haben. Diese Menschen stecken zwischen ihren verzweifelten Versuchen, durch eine optimale Ernährung zu Gesundheit und Wohlbefinden zu finden, ihrem schlechten Gewissen, wenn sie es nicht schaffen, und ihren gesundheitlichen Problemen fest. Oft sind sie untergewichtig, antriebslos und müde. Auch wenn sie übergewichtig und antriebslos sind, bleibt das Grundproblem das gleiche.

Wir Menschen haben einfach das natürliche Gespür für unsere Ernährung verloren. Vielleicht hat die Spezies Mensch über dieses Wissen nie verfügt, sondern sich nur mit einer immensen Anpassungsfähigkeit im Laufe der Jahrtausende immer wieder neu erfunden? Tatsache bleibt, dass frische, kalte Nahrung, chlorophyllhaltige Salate und Bitterstoffe in unserer Ernährung fast nicht mehr vorhanden sind.

Langjährige Selbstversuche und Erfahrungen haben gezeigt, dass die richtige Mischung, kombiniert mit unverarbeiteten Lebensmitteln, unsere Gesundheit verbessert und erhält. Es ist nicht nur das Schicksal, das uns krank macht, sondern Auslöser sind viele falsche und schlechte Angewohnheiten, die nicht immer sofort unsere Aufmerksamkeit erregen, weil sie schon so normal sind und uns bereits zu lange begleiten.

„Die Krankheiten befallen uns nicht aus heiterem Himmel, sondern entwickeln sich aus täglichen kleinen Sünden wider die Natur, wenn diese sich gehäuft haben, brechen sie scheinbar auf einmal hervor."

Hippokrates (460–375 v. Chr.)

Rohkostbrot – Essener-Brot

Rohkostbrote sind populär. Einerseits kann sie jeder ohne viel Aufwand selber herstellen, andererseits gibt es viele Menschen, die durch eine Gluten-Unverträglichkeit (Zöliakie) kein normales Brot mehr essen können.

Zöliakie

Wenn jemand unter Zöliakie leidet, leidet er an einer Unverträglichkeit gegenüber Gluten, dem Klebereiweiß der Brotgetreide. Glutenfreie Getreide sind Hirse, Mais, Reis, Buchweizen, Quinoa und Amarant.

Stark glutenhaltige Getreidesorten sind Weizen, Roggen, Gerste, Hafer, Grünkern und Dinkel. Sie lösen bei Menschen, die an Zöliakie leiden, Dünndarmschäden und Verdauungsstörungen aus. Zöliakie ist eine ernst zu nehmende Erkrankung, und die Betroffenen müssen glutenhaltige Getreide in ihrer Ernährung meiden.

Nun gibt es auch Menschen, die freiwillig und gerne auf Gluten verzichten, beispielsweise Tommy Haas, ein Profitennisspieler aus Deutschland. Die „Salzburger Nachrichten" berichteten am 3. Juni 2013, dass Haas, obwohl er nicht an Zöliakie leidet, Produkte, die Weizen, Roggen, Hafer und Gerste enthalten, vermeidet. Er ernährt sich absichtlich glutenfrei. Denn: „Das stärkt meinen Körper."

Die Geschichte des Essener-Brotes

Das Essener-Brot ist ein Rohkostbrot. Die Bezeichnung Essener-Brot geht auf eine Volksgruppe zurück, die ca. 100 v. Chr. in Judäa und Jerusalem lebte.

Diese Essener, wie sie genannt wurden, ließen Getreidekörner keimen, verarbeiteten die Keimlinge zu Fladen und ließen sie in der Sonne trocknen. Das Ergebnis muss dem heutigen Rohkostbrot sehr nahegekommen sein.

Das von uns hergestellte Rohkostbrot besteht aus Gemüse, Keimlingen und Gewürzen. Dann wird es bei 39 bis 40 Grad in einem Trocknungsgerät getrocknet.

Von der Verwendung von glutenhaltigem Getreide für die Zubereitung von Essener-Brot raten wir ab. Das Rohkostbrot wird dadurch sehr schwer und schmeckt nicht mehr. Mais kann man zur besseren Bindung verwenden.

Rohkostbrote sind individuell und persönlich. Es erstaunt immer wieder, welche Unterschiede in Geschmack und Konsistenz bei den verschiedenen Broten festzustellen sind.

Geräte für die Zubereitung von Rohkostbrot

- Mixer
- Trocknungsgerät
- große Schüssel
- Messer, Löffel
- Backpapier

Wer Backpapier ablehnt, findet bei professionellen Trocknern eigene Einsätze, die verwendet werden können. Es können auch Krautblätter, Wirsingblätter oder Salatblätter statt Backpapier als Unterlage dienen. Die Mittelrippe sollte zuvor unbedingt entfernt werden.

Wenn erst mit Rohkost angefangen wird, oder wenn ein bisschen in diese Lebensweise hineingeschnuppert werden soll, genügen für den Anfang Haushaltsgeräte, die in jeder Küche zu finden sind.

Mixer

Wem die Rohkost gefällt, und wer das eine oder andere Graspesto probieren und Rohkostbrote professionell zubereiten möchte, wird mit einem handelsüblichen Mixer irgendwann an dessen Grenzen stoßen.

Wir haben uns nach reiflicher Überlegung für das Modell Puro 4 von Bianco entschieden, da es das leistungsstärkste Gerät auf dem Markt ist. Puro 4 versmootht/püriert extra fein, und beim Essen gibt es keine störenden Fasern mehr. Darüber hinaus hat sich dieses Gerät als leiser als alle anderen erwiesen.

Für uns Rohköstler ist der im Stopfer integrierte Temperatursensor praktisch, da das Mixgut damit nicht über 42 Grad erhitzt wird. Für Rohköstler, die leicht frieren, ist dieser Mixer ideal. Sie können sich Smoothies zubereiten, die roh und ein wenig warm sind.

Es stehen viele Programme zur Auswahl, die schnell und einfach abrufbar sind. Der Motor ist so stark, dass wir sogar getrocknetes Carob (Johannisbrot), Erdmandeln oder Nüsse pulverisieren können. Zudem ist dieses Gerät in vielen verschiedenen Farben erhältlich. Das schätzen wir sehr, da wir uns gerne mit Farbe umgeben.

Trocknungsgerät

Als Trocknungsgerät verwenden wir den Ezidry. Entdeckt haben wir dieses Gerät auf einer Rohkostmesse, als es noch ganz neu auf dem Markt war. Wenn zur Erntezeit viele Früchte auf ihre Verarbeitung warten, können beim Ezidry bis zu 30 Lagen gestapelt werden. Dieses Gerät hat ein patentiertes Umluftsystem, das ein gleichmäßiges, schnelles Trocknen des Trockenguts ermöglicht. Die Temperatur ist manuell einstellbar, so wird für Rohköstler garantiert, dass die 42-Grad-Grenze nicht überschritten wird. Dieses Gerät ist inzwischen bei der Firma Keimling erhältlich.

Die Zutaten eines Rohkostbrots

- Keimlinge
- Gewürze
- geraspeltes und versmoothtes/püriertes Gemüse
- Salz

Keimlinge

Keimlinge

Das Wunder eines Samens ist von Khalil Gibran wunderbar beschrieben worden:

"Wenn dir jemand erzählt, dass die Seele mit dem Körper zusammen vergeht und dass das, was einmal tot ist, niemals wiederkommt, so sage ihm: Die Blume geht zugrunde, aber der Same bleibt zurück und liegt vor uns, geheimnisvoll, wie die Ewigkeit des Lebens."

Rose-Marie Nöcker schreibt in ihrem großen Buch der Sprossen und Keime, dass Sprossen heute das einzige Lebensmittel sind, das wir noch als giftfrei bezeichnen können. Keimlinge sind tatsächlich so wertvoll, dass sie bei keiner Mahlzeit fehlen sollten. Auch Normalköstler können Keimlinge in ihre tägliche Nahrung integrieren, um sich mit einer Extraportion von Mineral- und Vitalstoffen zu versorgen.

Das Keimen ist ein ganz besonderer Vorgang. Wir schaffen für einen Samen optimale Bedingungen und bringen ihn mithilfe von Wärme, Feuchtigkeit, Sauerstoff und Licht zum Keimen. Wenn sie anfangen zu keimen, wandeln Samen ihre Inhaltsstoffe um und schließen sie teilweise auf. Wenn wir die Keimlinge zum Essen verwenden, verfügen wir über ein wertvolles, mineralstoffreiches, vitaminreiches, lebendiges, chlorophyllhaltiges und frisches Lebensmittel.

„Befeuchte Dein Korn, so dass der Engel des Wassers es betreten kann. Dann lass es atmen, so dass der Engel der Luft es umarmen kann. Von morgens bis abends gib ihm Tageslicht, so dass der Engel des Sonnenscheins es durchdringt."

Aus den Essener Schriftrollen

Durch den Keimvorgang verändert sich das im Samen enthaltene Eiweiß und wird für den Menschen leichter verdaubar. Fett wird abgebaut, dadurch haben Keimlinge weniger Kalorien. Andererseits steigt der Vitamingehalt um ein Vielfaches, und viele Mineralstoffe und Vitamine entstehen erst durch den Keimvorgang.

Unerwünschte Inhaltsstoffe werden abgebaut, bei Linsen und Mungobohnen sind das Hämagglutinine, in Alfalfa Canavanin.

Ja – Keimlinge werden sogar als Anti-Aging-Food gehandelt. Der verjüngende Effekt soll von der großen Enzymmenge abhängig sein, die bei einem Keimvorgang entsteht. Enzyme wirken grundsätzlich sehr positiv auf unseren Körper, unterstützen die Entgiftung und stärken unsere natürliche Immunabwehr.

Aber natürlich gibt es auch Samen, die nicht gekeimt werden sollten. Dazu gehören alle herkömmlichen Bohnensamen! Bohnen enthalten sehr hohe Hämagglutinin-Werte.

Das Lebensmittel-Lexikon beschreibt Hämagglutinine so: „Hämagglutinine sind Eiweißstoffe. Sie verursachen das Zusammenballen von roten Blutkörperchen im Organismus. Hämagglutinine kommen natürlicherweise in Hülsenfrüchten vor. Erst durch etwa 15-minütiges Kochen wird dieser Stoff abgebaut. Darum sollten Hülsenfrüchte nicht roh verzehrt werden."

Rohe Bohnen sind für den Menschen giftig. Sie müssen gekocht werden, damit sie keine negativen Auswirkungen auf uns haben. Auch als Sprossen oder Keimlinge sind sie nicht verwendbar, da sich die enthaltenen Stoffe durch den Keimvorgang nur ungenügend abbauen. Wir raten also vom Verzehr roher Bohnen oder gekeimter Bohnen mit Ausnahme der Mungobohne ab.

Bei Hülsenfrüchten wie der Kichererbse empfehlen wir, sie kurz in kochendem Wasser zu blanchieren. Selbst wenn ein paar Vitamine verloren gehen, ist die Reduzierung der schädlichen Stoffe wichtiger.

Das Keimen

Das Keimen selber ist ein einfacher Vorgang, der nur die regelmäßige Pflege der Keimlinge sowie Sauberkeit voraussetzt.

Es gibt verschiedenste Keimgefäße. Wer mit dem Keimen anfängt und nicht viel Geld investieren möchte, kann ein leeres Honigglas (750 ml bis 1 l) nehmen und dieses mit einem durchlässigen Stück Stoff abdecken. Wenn Sie einmal Ihre ersten Versuche hinter sich haben, wissen Sie, ob Sie lieber mit Schalen, Gläsern oder anderen Keimgefäßen arbeiten, mit Metallverschluss, mit Metallgitter oder einfach nur mit Plastik. Die großen Behälter von Pure-Life haben sich für die Keimung von Alfalfa am besten bewährt!

- Zum Keimen wird das gewählte Keimglas höchstens zu einem Drittel mit Samen gefüllt, da die Keime sich stark ausdehnen.
- Das Glas wird mit Wasser gefüllt, mit einem Siebverschluss (oder Mulltuch) verschlossen und zwölf bis 24 Stunden stehen gelassen.
- Dann wird die Flüssigkeit abgegossen und das Keimgut so lange mit frischem Wasser gespült, bis es sauber oder schleimfrei ist. Das ist vor allem bei schleimbildenden Samen wichtig, da der Schleim oft sehr hartnäckig sein kann.
- Wichtig ist, dass die Keime nun nicht mehr austrocknen dürfen!
- Die Keime werden ab jetzt zweimal am Tag gespült.

Je nach Pflanzenart benötigen die Samen verschieden lange, um zu keimen. Keimprofis können bei den Vorbereitungen auf diesen Umstand Rücksicht nehmen und stellen die Samen, die am längsten brauchen, ein paar Tage vorher zum Keimen auf.

Wenn der Keimvorgang zu lange dauert, werden einige Samenarten bitter. Aus diesem Grund ist die allgemeine Empfehlung, Keimlinge sieben Tage lang zu keimen, differenziert zu betrachten. Der Geschmack soll letztendlich entscheiden, bitterer Geschmack ist negativ zu bewerten.

So einfach der Vorgang auch scheint, können doch auch Probleme beim Keimen auftreten:

- Die Keime können zu nass stehen, was die Schimmelbildung begünstigt.
- Die Temperatur ist zu hoch oder zu niedrig, optimal sind 18 bis 22 Grad.
- Die Samen liegen zu dicht.
- Es wird zu wenig gespült.
- Die Samen wurden gebeizt, bestrahlt oder wasserdampfbehandelt, sie keimen nur mehr schlecht.
- Die Samen wurden schlecht gelagert und keimen nicht.
- Die Samen sind zu alt und haben ihre Keimfähigkeit verloren.

Wenn das der Fall ist, werden Ihre Bemühungen zu keinem positiven Ergebnis führen. Die Samen werden schimmlig oder keimen nicht durch. Beim Einkauf auf gute Qualität und Abfülldatum achten.

Auf den folgenden Bildern sehen Sie, wie Mungobohnen zum Keimen gebracht werden.

Keimlinge für ein Rohkostbrot

Wir verwenden die unterschiedlichsten Samen. Auf keinen Fall aber nehmen wir gekeimten Roggen, Weizen oder Dinkel. Das Brot wird mit diesem Getreide muffig und schwer. Gute Erfahrungen haben wir allerdings mit den folgenden Keimlingen:

Buchweizen

Buchweizen gehört nicht zu den Süßgräsern, wie es bei den meisten Getreidesorten der Fall ist. Er ist ein Knöterichgewächs, wie zum Beispiel auch der Sauerampfer, der zur gleichen Familie gehört. Darum ist Buchweizen auch frei von Gluten.

Buchweizen ist reich an Vitalstoffen. Er enthält alle acht essenziellen Aminosäuren, und zwar in einem für den Körper günstigen Verhältnis. Dadurch kann das Eiweiß besonders gut verarbeitet werden.

Buchweizen gilt nach neuesten Erkenntnissen als gutes Lebensmittel für Diabetiker. Der Rutingehalt des Buchweizens hat positive Auswirkungen auf hohen Blutdruck und wirkt sich durch die Stärkung der Blutgefäße günstig auf Krampfadern und Hämorrhoiden aus. Damit nicht genug, hat Buchweizen einen hohen Gehalt an Lezithin. Lezithin verhindert, dass unser Körper zu viel Cholesterin aufnimmt, und hilft damit, den Cholesteringehalt zu senken. Außerdem wirkt Lezithin positiv auf die Leber.

Gekeimter Buchweizen wirkt positiv für unsere Gehirnleistung und zugleich vorbeugend gegen Depressionen.

Gekeimter Buchweizen ist reich an Coenzym Q10, enthält alle Vitamine des B-Komplexes, Magnesium, Mangan und Selen. Auch ist er in gekeimter Form ein basisches Lebensmittel.

Buchweizenkeimlinge: Buchweizen sondert nach dem Einweichen große Mengen von Schleim ab. Darum muss er gründlich gespült werden, bevor er zum Keimen aufgestellt wird. Der Schleim kann den Keimvorgang behindern und den Verderb fördern.

Buchweizen braucht durchschnittlich drei Tage, bis er keimt. Die Keimlinge schmecken hervorragend!

Sesam

Sesam ist eine alte Kulturpflanze. Er wurde schon 2000 v. Chr. auf babylonischen Keilinschriften erwähnt. In der Hindu-Mythologie ist Sesam das Zeichen der Unsterblichkeit.

Zum Wachsen braucht er Wärme und Feuchtigkeit. Damit wird er zum Bewohner der tropischen und subtropischen Zonen. Je nach Sorte ist die Farbe der Samen Beige, Schwarz oder Braun. Sesamöl (aus dem Samen) wird lange nicht ranzig. Hippokrates empfahl Sesamöl zur allgemeinen Stärkung. Die Naturkosmetik verwendet es für die Schönheit von Haut und Haaren.

Sesam enthält wertvolle Inhaltsstoffe. 50 bis 60 Prozent entfallen auf Öl, ca. 30 Prozent auf Eiweiß, ca. 16 Prozent auf Kohlenhydrate, Vitamin E, die Vitamine der B-Gruppe, Kalium, Kalzium, Magnesium, Phosphor, Eisen und Zink.

Sesam ist reich an Kalzium, denn Sesamöl enthält pro 100 g sechsmal so viel Kalzium wie Vollmilch. Wir sehen also, dass wir auch ohne Milch genug Kalzium bekommen können.

Sesamkeimlinge: Der Samen keimt eher langsam, trotzdem soll er nicht länger als zwei Tage gekeimt werden, da er sonst leicht einen bitteren Geschmack bekommt.

Kürbiskerne

Nur die Kerne des Ölkürbis können gegessen werden. Die Kürbiskerne der normalen Speisekürbisse schmecken nicht. Kürbiskerne werden immer wieder mit der Prostata in Verbindung gebracht, da sie einen sehr positiven Einfluss auf die Prostata haben sollen.

Kürbiskerne verleihen dem Rohkostbrot einen speziellen Geschmack, bereichern jeden Salat und schmecken in gekeimtem Zustand um ein Vielfaches besser. Kürbiskerne sind reich an Eiweiß und ungesättigten Fettsäuren, sie enthalten Vitamin A, E, Linolsäure und B-Vitamine, viel Zink und Eisen.

Kürbiskernkeimlinge: Sie benötigen zum Keimen ca. drei Tage. Trotzdem lassen wir sie nur ca. eineinhalb Tage ankeimen. Wir haben bemerkt, dass der Geschmack zu diesem Zeitpunkt am besten ist. Länger gekeimte Kerne schmecken trotz regelmäßigen Spülens ein bisschen muffig und leicht bitter.

Sonnenblumenkerne

Sie sind die Stars unter den Keimlingen und haben viele Einsatzmöglichkeiten – gekeimte Sonnenblumenkerne passen überall, als kleine Zwischenmahlzeit, im Salat, im Rohkostbrot, mit Gemüse … sie schmecken immer.

Sonnenblumenkerne sind reich an hochwertigen Fetten, das Sonnenblumenöl ist allgemein bekannt, der Eiweißgehalt liegt bei über 20 %. Kalium, Magnesium, Mangan, Eisen und Kupfer sind als Mineralstoffe enthalten, und in den Keimlingen wurde das begehrte Vitamin B12 gefunden. Der Eisengehalt ist ausgesprochen hoch!

Sonnenblumenkeimlinge: Die Keimgeschwindigkeit ist beachtlich, sie beträgt nur zwei Tage. Sonnenblumenkeimlinge werden schnell bitter. Darum empfehlen wir, sie ab dem zweiten Tag bzw. nach 24 Stunden zu essen.

Kresse

Die Kresse hat eine interessante Note, da sie sehr scharf ist. Beim Trocknungsprozess verflüchtigen sich viele Senföle, trotzdem schmeckt ein Rohkostbrot mit Kresse sehr pikant. Die Kresse hat einen hohen Vitamin-C-Gehalt.

Kressekeimlinge: gehören zu den stark schleimenden Keimen. Wir empfehlen, die Kresse in einem flachen Gefäß zu keimen, und zwar so lange, bis sie bereits grüne Anteile hat. Wir empfehlen, anfangs nur kleine Mengen zu keimen.

Senf

Der hohe Anteil an Senfölen macht den scharfen Geschmack aus. Senf wird schon seit langer Zeit als Hausmittel eingesetzt. Ein Löffel Senfkörner, getrunken mit einem Glas Wasser, wurde früher als Mittel gegen Verstopfung angewendet. Senf wirkt appetitanregend und magenstärkend. Wer allerdings an Magen-, Darm- oder Nierenentzündungen leidet, sollte auf Senfsaaten verzichten.

Senfkeimlinge: schleimen nur sehr wenig. Zum Keimen ist ein flaches Keimgerät von Vorteil. Nur etwas für Liebhaber des scharfen Geschmacks.

Alfalfa

Alfalfa gehört zu den Hülsenfrüchten. Die Pflanze verfügt über ein beachtliches Wurzelsystem und ist gegen Umwelteinflüsse äußerst widerstandsfähig. Alfalfasprossen gehören zu unseren Lieblingskeimlingen. Sie wirken sich positiv auf den Körper aus.

Der Vitamingehalt ist beeindruckend. Nachgewiesen wurden die Vitamine A, B1, B6, C, E und K. An Mineralien sind erwähnenswert: Kalzium, Kalium, Magnesium, Eisen, Zink und Phosphor. Die Traditionelle Chinesische Medizin (TCM) verwendet Alfalfasamen zur Behandlung von Beschwerden. Alfalfa ist zart und gemüseähnlich im Geschmack, passt hervorragend in ein Rohkostbrot und zu Salaten.

Alfalfakeimlinge: Sie schmecken nicht nur gut, sie sind auch sehr einfach zu keimen. Alfalfa enthält den Stoff Canavanin. Aus diesem Grund steht auf manchen Verpackungen der Hinweis, Alfalfa solle unbedingt sieben Tage gekeimt werden, da das Canavanin durch den Keimvorgang abgebaut wird. Je länger der Keimvorgang dauert, desto geringer ist der Canavanin-Gehalt.

Da Alfalfa mächtig an Volumen zunimmt, ist es von Vorteil, ein möglichst großes Keimgefäß zu verwenden, in dem sich die Pflanzen ausdehnen können. (www.pure-life.ch)

Hanf

Hanf war über viele Jahrhunderte eine bekannte Heilpflanze. In den 1950er-Jahren wurde der Hanfanbau wegen des THC-Gehalts so gut wie eingestellt. Inzwischen werden THC-arme Hanfsorten gezüchtet und die Samen als gesundheitsförderndes Mittel verkauft. Aber auch bei THC-reichen Sorten hat der Hanfsamen keinerlei berauschende Wirkung. Für uns Endverbraucher ist interessant, dass beim Hanfanbau keine Pestizide zum Einsatz kommen. Hanfsamen besitzen einen hohen Nährwert, da sie ein optimales

Verhältnis von Proteinen und essenziellen Fettsäuren aufweisen. Die Forschung hat nachgewiesen, dass diese essenziellen Fettsäuren das menschliche Immunsystem stärken. Hanfsamen sind reich an B-Vitaminen, Vitamin E, Kalzium, Magnesium, Kalium und Eisen.

Beim Pressen der fettreichen Hanfsamen entsteht das Hanföl. Durch den hohen Anteil an ungesättigten Fettsäuren muss das Öl vor direkter Sonneneinstrahlung geschützt werden. Notfalls sollten Sie die Ölflasche in Zeitungspapier wickeln, damit keine Sonne dazukommt. Das Hanföl wie auch die Hanfsamen besitzen eine optimale Zusammensetzung der essenziellen Omega-6- und Omega-3-Fettsäuren. Das kann uns sonst nur noch das Leinöl in großen Mengen liefern. Hanföl schmeckt würzig und nussig.

Hanfkeimlinge: Hanfsamen sollen nicht zu lange gekeimt werden. Wir empfehlen höchstens 48 Stunden, da die Keimlinge sonst muffig werden.

Quinoa

Quinoa ist in unseren Breiten oft noch unbekannt. Bei den Inkas war Quinoa ein Grundnahrungsmittel und ein heiliges Korn. Sie schrieben dieser Pflanze besondere Kräfte zu. Der Geschmack ist nussig und erinnert ein bisschen an Hirse. Quinoa enthält alle essenziellen Aminosäuren und ist ein wertvolles Nahrungsmittel.

Quinoakeimlinge: Quinoa keimt sehr schnell, die Keimlinge können schon nach 24 Stunden Einweichzeit verwendet werden. Wenn länger gekeimt wird, müssen die Keime regelmäßig gespült werden. Gekeimter Quinoa ist besonders für Rohköstler geeignet, die leicht frieren. Die Keimlinge unter eine zerdrückte Banane mischen und etwas Carob hinzufügen – das wärmt und sättigt.

Mais

Mais gehört zur Familie der Süßgräser. Vor langer Zeit ist er bei uns eingewandert, denn Mais stammt aus Mexiko und war in unserer Gegend vorher unbekannt. So ist diese Pflanze auch heute noch in Lateinamerika und Afrika als Grundnahrungsmittel sehr verbreitet, während der Mais in den Industrieländern vor allem als Futterpflanze und immer mehr als Energiepflanze genutzt wird.

Mais ist reich an Vitamin E, B1, B2, B6, Vitamin A und Folsäure. An Mineralstoffen erwähnen wir: Natrium, Kalium, Magnesium und Kalzium.

Wer Platz im eigenen Garten hat, kann Speisemais selber anbauen. Dann hat er immer genügend Maiskörner zum Keimen.

Maiskeimlinge: Bei manchen Brotsorten verwenden wir gekeimten Mais, den wir dann im Mixer versmoothen. So dient er als Bindemittel.

Radieschen

Von den Mineralstoffen und Vitaminen, die in den Radieschen enthalten sind, nennen wir Eisen, Kalium, Kalzium und Magnesium, Vitamin A, B1, B2 und Vitamin C.

Die Radieschensamen unterstützen unser Immunsystem, da das Eisen und das enthaltene Kalzium durch den hohen Vitamin-C-Gehalt besonders gut verwertet werden können.

Die Samen enthalten Senföle, das heißt, sie schmecken scharf!

Radieschenkeimlinge: Wir empfehlen, Radieschensamen nur in geringen Mengen als Würzmittel zu keimen.

Leinsamen

Leinsamen ist eine wunderbare Pflanze. Der kanadische Forscher Stephen Cunnane verschrieb gesunden Frauen täglich Leinsamen, und nach einiger Zeit fiel der Blutzuckeranstieg nach dem Essen deutlich geringer aus. Damit wirkt Lein ähnlich wie gewisse Medikamente für Diabetiker, die diesen Anstieg ebenfalls abdämpfen wollen.

Versuche zeigen auch eine deutlich Nieren schützende Eigenschaft des Leinsamens, obwohl wir nicht genau wissen, warum das so ist. Wir wissen jedenfalls, dass Leinsamen und Leinöl hohen Blutdruck senken können und sich positiv bei Depressionen auswirken. Die deutsche Biochemikerin Johanna Budwig hat vor Jahrzehnten für viel Aufregung gesorgt, als sie das Leinöl als Antikrebsmittel verwendete. Wir glauben, dass ihre Erfolge für noch mehr Aufregung hätten sorgen sollen.

Leinsamen enthalten Blausäure. Kann uns die Blausäure im Leinsamen schädigen? Entscheidend ist sicher die Menge, die wir essen. Die Dosis, die nicht überschritten werden sollte, liegt bei 100 Gramm Leinsamen pro Tag. Die Leber wandelt die Blausäure in das ungefährliche Rhodanid um. Wer sich vom Leinsamen angesprochen fühlt, dem empfehlen wir das Buch: Leinöl macht glücklich, das blaue Ernährungswunder, von Hans-Ulrich Grimm.

Wir verwenden besonders gerne den hellen Leinsamen für Rohkostbrote. Der helle Leinsamen ist optisch besonders ansprechend, obwohl der dunklere genauso verwendet werden kann.

Leinsamenkeime: Es gibt ihn, den gekeimten Leinsamen. Wer Lein keimen möchte, sollte die Samen auf ein feuchtes Tuch legen. Die Samen werden nicht eingeweicht, sondern nur aufgelegt und regelmäßig besprüht. Auch hier sondert sich Schleim ab, deshalb sollte nicht zu dicht gesät werden. Für die Verarbeitung in Rohkostbrot reicht es, den Leinsamen für zwei bis drei Stunden einzuweichen. Wenn man es eilig hat, genügt sogar eine halbe Stunde. Leinsamen quillt sehr schnell.

Braunhirse

Braunhirse ist glutenfrei und eine hervorragende Siliciumquelle. Silicium ist ein gutes Mittel gegen Haarausfall und brüchige Fingernägel, und auch das Bindegewebe wird gestärkt. Braunhirse wird im Bioladen oft als Pulver verkauft. So kann der Konsument das Pulver in einen Salat, ein Joghurt oder eine Suppe mischen.

Braunhirsekeimlinge: Wir keimen die Braunhirse wie andere Samen und mischen sie in verschiedene Rohkostbrote. Durch den Keimungsprozess wird die Phytinsäure, die in geringen Mengen enthalten ist, abgebaut. Gleichzeitig werden die anderen Inhaltsstoffe durch die Enzyme, die bei der Keimung gebildet werden, noch besser verwertet.

Amarant

Amarant ist kein Getreide, sondern gehört zu den Fuchsschwanzgewächsen. Getreidegräser wachsen einkeimblättrig, Amarant wächst zweikeimblättrig. In Südamerika heimisch, gedeiht er beinahe überall, auch in Europa. Früher war er ein Grundnahrungsmittel der Indianer und Azteken, heute wird er auch in Europa verwendet. Da er glutenfrei ist, ist er beliebt bei Menschen, die an Glutenunverträglichkeit leiden. Auch Schwangere und stillende Mütter können davon profitieren, weil er eisen- und eiweißreich ist. Amarant hat einen hohen Nährwert und versorgt Menschen mit Kalzium. Wer also auf Milch und Milchprodukte verzichtet, kann seinen Kalziumbedarf auch mit Amarant decken.

Amarantkeimlinge: Der Same ist anspruchsvoll zu keimen. Am besten eine flache Schale verwenden und die Keimlinge regelmäßig mit Wasser besprühen. Amarant mag viel Licht zum Keimen und es erfordert Geduld, denn Amarant braucht Zeit, bis er sich aus dem Samen zwängt.

Mungobohnen

Mungobohnen werden von uns nicht für Rohkostbrote, sondern für Salate oder für den kleinen Hunger zwischendurch verwendet. Sie sind leicht verdaulich und wirken nicht blähend. Der Eiweißgehalt ist hoch, das Eiweiß spaltet sich beim Keimen in Aminosäuren auf. An Vitaminen sind A, B1, B2, Niacin, C und ganz viel Vitamin E – das verjüngend wirken soll – zu finden, an Mineralien sind Kalium, Phosphor, Kalzium, Magnesium und Eisen enthalten.
Mungobohnen gelten als cholesterinsenkend.

Mungobohnenkeimlinge: Diese Böhnchen sind einfach zu keimen und auch dann noch essbar, wenn sie schon längere Keime und Wurzeln entwickelt haben. Unseren Kindern schmecken sie in diesem Stadium sogar am besten. Und sie sehen auch lustig aus.

Keimlinge ...

... sind ein Wunder für sich. Dass aus einem unscheinbaren Korn nur mithilfe von Wasser, Licht, Wärme und Sauerstoff eine neue Pflanze entsteht – in dieser Selbstverständlichkeit liegt ein Geheimnis des Lebens.

Keimlinge in unserer Ernährung machen uns satt und zufrieden. In der dunklen Jahreszeit versorgen uns Keimlinge mit den frischesten Mineralstoffen und Vitaminen, die überhaupt zu finden sind, und werten unsere Ernährung auf. Der Keimvorgang kann durch den geringeren Lichteinfall im Winter ein bisschen länger dauern als im Sommer.

Wer manchmal das Gefühl hat, irgendetwas Süßes zu brauchen, wenn der kleine Hunger treibt – dann hilft der Griff zu Keimlingen, das erzeugt Ausgeglichenheit. Einige Sonnenblumenkeimlinge mit einem Löffel Honig oder eine kleine Avocado mit Sonnenblumen- oder Kürbiskeimlingen machen zufrieden.

„Gesund bleiben und lange leben will jedermann, aber die wenigsten tun etwas dafür. Wenn die Menschen nur halb so viel Sorgfalt darauf verwenden würden, verständig zu leben und gesund zu bleiben, wie sie heute darauf verwenden, um krank zu werden, die Hälfte der Krankheiten bliebe ihnen erspart."

Sebastian Kneipp

Rezepte

Rezepte

Rezepte-Ampel

Liebe Leser, wir haben uns bemüht, unsere Rezepte nach den uns bekannten Regeln der Synergie und Harmonie zu mischen. Trotzdem sind Kochanleitungen darunter, die nicht jeden Tag auf den Tisch kommen sollten. Der Vollständigkeit halber sind alle Rezepte mit Farbpunkten markiert, um die Verträglichkeit zu dokumentieren.

Speisen, die **täglich** gegessen werden können.

Gerichte, die **nicht täglich** auf dem Speiseplan stehen sollten.

Speisen, die **einmal in der Woche** auf den Tisch kommen sollen.

Alle Rohkostbrote erhielten wegen des Trocknungsvorganges eine orange Ampelkennung. Wird die Rohkostbrot-Masse aber *frisch* gegessen, z.B. als Salatpesto, würde sie eine grüne Ampel bekommen. Eine grüne Ampel soll nicht bedeuten, dass nun wochenlang jeden Tag dieselbe Kombination gegessen werden soll. Öfter als an fünf aufeinanderfolgenden Tagen würden wir nie Rezepte mit gleichen oder ähnlichen Zutaten verwenden, und dasselbe raten wir auch Ihnen.

Rohkostbrot-Rezepte

Die Mengenangaben der Rohkostbrote sind für ca. 10 bis 20 Personen ausgelegt. Durch die Trocknung wird eine gute Haltbarkeit erzielt. Die Angabe "1 Glas" bedeutet eine Portion Keimlinge aus dem Keimglas (750 ml bis 1 l).

Renées Lieblingsknusper

Zutaten:

1 Glas Kürbiskerne, gekeimt
1 Glas Sonnenblumenkerne, gekeimt
1 Glas Alfalfa, gekeimt
1 Glas gekeimter Mais
Kümmel
Kurkuma
Zwiebel
250 g Leinsamen
1 Kohlrabi
1 Fenchel
300 g Karotten
Salzsole

Zubereitung:

▸ Gekeimte Kürbiskerne, Sonnenblumenkerne und Alfalfa in eine große Schüssel geben. ▸ Zwiebel klein schneiden und dazugeben. ▸ Kohlrabi und Karotten fein raspeln und beifügen. ▸ Fenchel und gekeimten Mais versmoothen. Alles vermischen. ▸ Leinsamen hinzugeben und mit Kümmel, Kurkuma und Salzsole abschmecken. ▸ Kurz quellen lassen, bis die Masse cremig und fest wird. Dann auf die Trocknungsringe auftragen.

Alfalfasprossen-Brot

Zutaten:

1 Glas Alfalfa, groß, gekeimt
1 Glas Mais, gekeimt
1 Glas Buchweizen, gekeimt
1 Glas Sonnenblumenkerne, gekeimt
½ Glas Hanfsamen, gekeimt
Rosmarin
Quinoa
Salz
Leinsamen
Ingwer
2 große oder 3 mittelgroße Fenchel
viel Anis

Zubereitung:

▸ Fenchel und gekeimten Mais pürieren, mit Gewürzen und den restlichen Keimlingen vermischen. ▸ Den Teig dick auf die Trocknungsringe auftragen, das Brot geht zusammen, ist sehr saftig.

Leinsamen-Tomaten-Brot

Zutaten:

1 Packung helle Leinsamen (500 g)
2,5 kg Tomaten
2 frische Zwiebel
Knoblauch nach Geschmack
Salzsole

Zubereitung:

▸ Die Leinsamen in eine große Schüssel geben. ▸ Tomaten im Mixer pürieren, der Mixbecher soll voll mit Tomatenpüree sein. ▸ Zu den Leinsamen gießen, Salzsole dazugeben und ca. eine Stunde quellen lassen. ▸ Dann auf den Trockner auftragen.

Leinsamen-Gemüse-Brot Marcel

Zutaten:

500 g helle Leinsamen
1 Stange Lauch; wenn er sehr groß ist, nur ½ Stange
1 kg Tomaten
1 Kohlrabi
Oregano
Salzsole

Zubereitung:

▸ Die Leinsamen in eine große Schüssel geben. ▸ Den Lauch waschen und in feine Streifen schneiden. ▸ Tomaten und Kohlrabi im Mixer pürieren. ▸ Alle Zutaten zu den Leinsamen mischen. ▸ Mit Oregano und Salzsole abschmecken. ▸ Etwa eine Stunde quellen lassen und auf die Trocknungsringe auftragen.

Brot Konstantin

Zutaten:

500 g helle Leinsamen
2 Kohlrabi
1 kg Paprika, bunt
Knoblauch nach Geschmack
Paprika, edelsüß
Salzsole

Zubereitung:

▸ Kohlrabi (geschält) und Paprika klein schneiden und in den Mixbecher geben. ▸ Fein vermixen. ▸ Den Gemüsesmoothie mit den Leinsamen vermischen und Knoblauch hineinpressen. ▸ Wir verwenden immer viel Knoblauch, damit der Geschmack deutlich spürbar ist. ▸ Mit Paprika und Salz abschmecken. ▸ Auf die Trocknungsringe auftragen.

Leinsamenkeimling-Brot Gudrun

Zutaten:

500 g Leinsamen, hell
1 Honigglas (½ l) gekeimte Sonnenblumenkerne
1 Honigglas (½ l) gekeimte Kürbiskerne
2,5 kg Tomaten
2 mittelgroße Zwiebel
1 Lauch
Knoblauch nach Geschmack

Zubereitung:

▸ Leinsamen und die Keimlinge in eine große Schüssel geben. ▸ Die Tomaten im Mixer versmoothen und zu der Masse fügen. ▸ Die Zwiebeln klein schneiden und untermischen. ▸ Die Knoblauchzehen schälen und pressen, dann unterheben. ▸ Mit Salzsole abschmecken. ▸ Die Masse quellen lassen und auf die Trocknungsringe auftragen.

Essener-Leinsamenbrot Leandra

Zutaten:

400 g Leinsamen, braun
4 bis 5 Kolben frischer Mais in der Milchreife
1 Kohlrabi
1 Glas Sonnenblumenkerne, gekeimt
1 Glas Buchweizen, gekeimt
Kurkuma
Salz
Oregano

Zubereitung:

▸ Die Maiskörner von den Kolben ablösen. ▸ Mit dem geschälten Kohlrabi versmoothen. ▸ Leinsamen mit Sonnenblumenkeimlingen und Buchweizenkeimlingen mischen. ▸ Den Mais-Smoothie unterrühren und die Gewürze der Masse beifügen. ▸ Gut vermischen, kurz ziehen lassen und zum Trocknen auftragen.

Paprikabrot Oberndorf

Zutaten:

2 kg bunte Paprika
500 g Leinsamen, hell
Knoblauch nach Geschmack
2 Zwiebel
Salzsole

Zubereitung:

▸ Paprika grob schneiden und mit dem Knoblauch versmoothen. ▸ Zwiebel fein schneiden. ▸ Leinsamen, Paprikamasse und Zwiebel in einer Schüssel vermengen. ▸ Mit Salzsole würzen. ▸ Ziehen lassen, bis die Masse eindickt, dann zum Trocknen auftragen.

Karottenbrot Tim

Zutaten:

1 Fenchel
500 g Karotten
Ingwer nach Geschmack
300 g Leinsamen, braun
Salzsole
¼ Liter Wasser

Zubereitung:

▸ Fenchel grob schneiden, versmoothen. ▸ Karotten grob schneiden und ebenfalls in den Mixer geben. ▸ Wenn die Masse zu fest wird, mit Wasser aufgießen und etwas frischen Ingwer dazugeben. ▸ Alles durchmixen, bis eine feine Masse entstanden ist. ▸ In eine Schüssel füllen, Leinsamen und Salzsole unterrühren und auf die Trocknungsringe auftragen.

Dieses Rohkostbrot ist vor allem im Herbst und Winter empfehlenswert, da es wärmend wirkt.

Tomaten-Brot Claudia

Zutaten:

1,2 kg Tomaten
1 Zwiebel
350 g helle Leinsamen
2 Stängel Zitronengras

Zubereitung:

▸ Tomaten mit dem Zitronengras versmoothen. ▸ Zwiebel klein schneiden und zur Tomaten-Zitronengras-Creme geben. ▸ Mit den Leinsamen vermischen, auf die Trocknungsringe auftragen und trocknen.

Bei dieser Mischung ist es notwendig zu kontrollieren, ob der Mixer das Zitronengras zerkleinern kann, sonst sind grobe Stücke in der Masse. Die Mischung aus Tomate, Zwiebel und Zitronengras ist sehr wohlschmeckend!

Tomaten-Brot Katrin

Zutaten:

1 kg Tomaten
3 Zwiebel
Oregano
Anis
Ingwer
Paprika, süß
Kurkuma
1 Msp. superscharfes Chili
2 EL Salzsole
Krautblätter

Zubereitung:

▸ Tomaten im Mixer versmoothen. ▸ Die Zwiebeln klein schneiden und mit den Gewürzen mischen. ▸ Die Krautblätter auf die Trocknungsringe auftragen und darauf den Teig streichen. ▸ Trocknen lassen.

Rohkostbrot Sonja Grundrezept und mit süßer Mohnfülle

Zutaten:

500 g Mandeln
30 g Datteln
200 g Zucchini
1 mittelgroße Zwiebel (ca. 100 g)
3 EL Kümmel
3 Kardamomkapseln
Salzsole
200 g Leinsamen (im Mixer geschrotet)
Flohsamenschalen

Zubereitung:

▸ Mandeln, Datteln, Zucchini, Zwiebel, Kümmel und Kardamom durch die Faschiermaschine drehen (wir verwenden einen Green Star Entsafter, das geht einfacher). ▸ Die Gewürze nicht erst am Schluss in die Maschine geben, da sie sonst in der Walze stecken bleiben.
▸ Leinsamen im Mixer schroten und in die Masse geben. ▸ Alles gut durchmischen und Flohsamenschalen untermengen, bis der Teig eine kompakte Konsistenz hat.

Aus dieser Masse können kleine Brötchen geformt und auf dem Trockner aufgelegt werden. Es entsteht ein wunderbares Rohkostbrot, das aufgeschnitten und mit verschiedensten Aufstrichen und Gemüse gegessen werden kann.

Mohnfüllung

Zutaten:

450 g Mohn (24 h einweichen)
450 g Feigen
250 g Rosinen
1 TL Zimt
1 TL Nelkenpulver

Zubereitung:

▸ Den eingeweichten Mohn mit den Feigen durch den Fleischwolf drehen (oder im Green Star Entsafter pressen). ▸ Rosinen, Zimt und das Nelkenpulver untermischen und die Masse ordentlich durchkneten. ▸ Nun den Teig mithilfe der Flohsamenschalen, die untergelegt werden, damit der Teig nicht anklebt, ausrollen und mit der Füllung belegen. ▸ Teig zuklappen und fest zudrücken. ▸ Die gefüllten Brötchen im Trockner gut trocknen lassen und möglichst schnell essen.

Schmeckt hervorragend nach Mohngebäck!

Füllung mit getrockneten Pflaumen (Zwetschken)

Zutaten:

400 g Pflaumen, getrocknet

Zubereitung:

▸ Die Pflaumen ca. eine Stunde einweichen und pürieren. ▸ Die Masse als Füllung für das Rohkostbrot Sonja verwenden.

Unsere Zwetschken sind aus dem eigenem Garten und selbst getrocknet. Mit dieser Verarbeitung ergeben sie eine wahre Delikatesse, die die ganze Familie mag.

Essener-Brot mit Roten Rüben und Karotten Adelheid

Zutaten:

1 kg Karotten
3 mittelgroße Rote Rüben [Rote Bete]
1 Keimglas Sonnenblumenkeimlinge
½ Keimglas Sesamkeime
½ Keimglas Hanfkeime
300 g Leinsamen
Salzsole
1 Keimglas Maiskeimlinge
70 g Alfalfasprossen
½ Keimglas Braunhirse-Keimlinge
3 Bund Frühlingszwiebeln [Jungzwiebeln]
Koriander
Fenchel
Kurkuma
viel Kümmel
Rosmarin

Zubereitung:

▸ 500 g Karotten fein raspeln, die restlichen Karotten mit den Roten Rüben entsaften. ▸ Den Trester zu den fein geriebenen Karotten geben. ▸ Sonnenblumenkeimlinge, Sesamkeimlinge, Hanfkeimlinge, Alfalfasprossen und die Gewürze zur Masse geben. ▸ Die Maiskeimlinge im Mixer mit der Salzsole und den Braunhirsekeimlingen versmoothen und zur Masse geben. ▸ Frühlingszwiebeln [Jungzwiebeln] fein schneiden und mit den Leinsamen zuletzt zur Masse fügen. ▸ Kurz quellen lassen und auf die Trocknungsringe auftragen.

Süßes Bananenbrot mit Buchweizenkeimlingen Florian

Zutaten:

5 Bananen
1 Keimglas mit Buchweizenkeimlingen
2 EL Carob
6 bis 8 eingeweichte Mozafati-Datteln

▸ Bananen mit der Gabel fein zerdrücken, mit den gespülten Buchweizenkeimlingen vermischen. ▸ Carob und zu Mus zerquetschte Mozafati-Datteln dazumischen, dann auf die Trocknungsringe auftragen.

Dieses Brot schmeckt sehr süß und ist sättigend. Wir empfehlen es besonders bei Kälteempfindlichkeit oder Hungergefühl.

Bananen-Fruchtleder

Zubereitung:

▸ Eine beliebige Menge Bananen mit der Gabel zerdrücken, bis ein feiner Brei entsteht. ▸ Dann die Masse auf spezielle Trocknungsringe auftragen und ca. zwei Tage trocknen, bis die Masse ein lederartiges Aussehen hat. ▸ Danach in Gläser abfüllen und aufbewahren.

Fruchtleder können aus sehr vielen Früchten zubereitet werden. Meist geht es darum, Obst für längere Zeit haltbar zu machen.
Es sind alle erdenklichen Versionen möglich: zum Beispiel Apfel-Ingwer, Banane-Dattel usw.

Gewürze

„Unser Körper ist ein Garten, und unser Wille der Gärtner.
Ob wir Nesseln drin pflanzen wollen oder Salat bauen,
Ysop setzen oder Thymian ausjäten,
ihn mit einerlei Kraut besetzen oder mit mancherlei Gewächs auslaugen,
ihn träge verwildern lassen, oder fleißig in Zucht halten –
die Fähigkeit dazu und die bessere Macht liegt durchaus in unserem freien Willen."

William Shakespeare, Othello

Gewürze

Gewürze spielten auf wirtschaftlichem, politischem und gesundheitlichem Gebiet immer schon eine große Rolle. Gewürze werden bei den alten Ägyptern und in der Bibel erwähnt. Aber nicht nur die Bibel, auch die ayurvedischen Schriften beschreiben die Vorteile der Gewürze, in diesem Fall der Gelbwurz. Die Römer, die Gewürze ebenfalls sehr schätzten, brachten diese das erste Mal nach Nordeuropa. Spätestens ab dem Mittelalter brach in Europa ein richtiger Gewürzboom aus. Gewürze waren begehrt und teuer. Die mit Gewürzen handelnden Staaten und auch die Händler wurden reich. Die Anbaugebiete wurden lange Zeit von den Arabern geheim gehalten, und es wurden Geschichten verbreitet, dass die wertvollen Gewürze durch furchterregende Tiere beschützt würden. Diesen Geschichten machte erst Marco Polo den Garaus, als er nach 24 Reisejahren wieder nach Italien zurückkehrte.

Europa schickte Entdecker wie den Portugiesen Vasco da Gama und den Italiener Christoph Columbus aus, um die begehrten Gewürze in großen Mengen direkt importieren zu können. Gewürze brachten so viel Geld ein, dass Staaten, wie zum Beispiel Holland und Großbritannien, heftig in Streit gerieten, um die jeweilige Vormacht auf dem Gewürzmarkt zu halten. Den Gewürzhandel zu kontrollieren war gleichbedeutend mit Macht und Geld.

Durch hohe Aufschläge hatten Gewürze ihren Preis: Sklaven wurden für Pfefferkörner verkauft, und im Mittelalter wurde Pfeffer mit Gold aufgewogen. Für 100 g Muskatnuss bekam man sieben Ochsen oder den entsprechenden Gegenwert. Ein Pfund Ingwer hatte den Wert eines Schafes.

Gewürze für Salate und Rohkostbrote

Wir arbeiten gerne mit Gewürzen. Diese Substanzen verbessern nicht nur den Geschmack, sie wirken auch positiv auf unsere Gesundheit.

Frischer Ingwer ist beispielsweise ein Tonikum. Viele Gewürze punkten durch ihren außergewöhnlichen Eisengehalt. Die Deutsche Gesellschaft für

Ernährung e. V. bescheinigt dem getrocknetem Koriander, der getrockneten Petersilie, dem Zimt, der getrockneten grünen Minze, der getrockneten Brennnessel und dem Thymian hohe Eisenwerte.

Anis

Anis ist ein wunderbares Gewürz, das zur Familie der Doldengewächse gehört. Anis hat einen süß-aromatischen Geschmack, der sich in den meisten Gerichten wunderbar einfügt. Wir verwenden Anis gerne im Rohkostbrot. Anis wirkt gegen Verdauungsbeschwerden und Völlegefühl, er pflegt unseren Hals und hilft, mit einem Glas Wasser getrunken, gegen Schluckauf. Weil Hunde den Anis-Geruch lieben, wird bei englischen Hunderennen manchmal eine Anisspur gelegt.
Aniskörner kauen hilft gegen Mundgeruch.

Bibernelle

Dieses Pulver ist für Menschen bestimmt, die gerne mit Kräutern arbeiten. Es wird aus der Wurzel der Pflanze hergestellt. Die Bibernelle ist ein altes Heilkraut, das schon seit Hunderten Jahren verwendet wird. Wir sammeln die Wurzeln selber und machen mit dem Mixer ein Pulver daraus. Wir lieben den leicht scharfen und würzigen Geschmack und verwenden es für Rohkostbrote und Salate. Besonders empfehlenswert ist es für Menschen, denen schnell kalt wird. Man kann die Wurzeln auch in der Apotheke erwerben. Mit einem guten Mixer ist aber schnell selbst Pulver daraus gemacht.

Bockshornklee

Bockshornklee würzt intensiv. Es hat interessante Auswirkungen auf den Körper. Im Mittelalter wurde die Pflanze gegen Kahlköpfigkeit genutzt, und auch heute wird sie in Indonesien noch in Haarwässern verwendet. Jedenfalls regt Bockshornkleepulver den Kreislauf an, hilft bei Magen- und Darmbeschwerden und senkt den Blutzuckerspiegel. Bockshornkleesamen haben einen hohen Eisengehalt. Die Blätter und die zarten Stängel sind in Indien ein weitverbreitetes Gemüse. In Indien essen Frauen Bockshornkleesamen nach der Geburt eines Kindes, um sich zu stärken, den Milchfluss anzuregen und die Körperkraft zurückzugewinnen.

Carob

Der Johannisbrotbaum ist anspruchslos und wird bis zu 20 m hoch. Seine schokoladenbraunen Carobfrüchte, die auch Johannisbrot genannt werden, sind in frischem Zustand butterweich und können so gegessen werden. Durchschnittlich werden pro Baum ca. 75 kg Carob geerntet, aber in Ausnahmefällen sind auch bis zu 250 kg möglich. Das Fruchtfleisch wird zu Carobpulver vermahlen, dessen Geschmack an Kakao erinnert. Im Unterschied zu Kakao ist Carob fettarm und frei von Koffein und Theobromin. Carobpulver enthält Vitamin A, B, Kalzium und Eisen.

Wir produzieren immer unser eigenes Pulver. Dazu brechen wir die Schoten, um die Kerne entfernen zu können, danach trocknen wir Carob auf dem Trockner und zermahlen die Stücke in unserem Mixer. Heraus kommt ein feines, qualitativ hochwertiges Carobpulver, das in unseren Rezepten Verwendung findet. Das Carobpulver sollte trotzdem noch einmal durchgesiebt werden, um eventuelle grobe Stücke auszusortieren. Das selbst hergestellte Pulver schmeckt mild und leicht süßlich, das gekaufte Pulver eher bitter.

Champignons, getrocknet

Champignons gehören zu jenen Pilzen, die in kleinen Mengen auch roh gegessen werden können, wohlgemerkt in kleinen Mengen. Aus den getrockneten Pilzen kann leicht Pulver gemacht werden, das als Gewürz vortrefflich schmeckt.

Dill

Dill ist ein Doldengewächs, das ca. 1,20 m hoch wird. In unserer Gegend finden wir diese Pflanze oft in den Gärten. Dill ist besonders beliebt in Gurkensalaten, passt aber geschmacklich auch zu grünen Salaten oder in spezielle Smoothies. Dill wirkt bei Schlaflosigkeit, bei Magenbeschwerden, stärkt den Magen und beeinflusst positiv die Verdauung. Dill riecht und schmeckt aromatisch, erfrischend und leicht süßlich und passt hervorragend ins Rohkostbrot.

Fenchel

Früher glaubte man, der Fenchel würde „jung, stark und gesund" machen. Vielleicht liegt es an dem leichten Duft, der Fenchel so sympathisch macht. Ganz sicher wirkt er positiv auf die Gesundheit. Fenchelsamen helfen wunderbar bei Mundgeruch, bei Blähungen und Schlaflosigkeit, sind anregend, appetitfördernd und kräftigend. Wir verwenden frischen Fenchel für unser Rohkostbrot ebenso gerne wie die Fenchelsamen. Mit beiden haben wir gute Erfahrungen.

Ingwer

Ingwer hat ein scharfes, würziges Aroma. Diese Pflanze ist nicht immer leicht zu kombinieren, hat aber sehr vorteilhafte Wirkungen auf den Körper. Ingwer fördert die Verdauung, verhindert Blähungen und hilft bei Reisekrankheit. Ingwer ist das Gewürz, welches uns innerlich erwärmt und das Verdauungsfeuer anregt. Darum wirkt er auch gegen Magenschmerzen und Erkältungen. Die Knolle muss fest sein und frisch aussehen, dann kann man sie kaufen. Als Homöopathikum Zingiber wird Ingwer bei Magenschwäche, Verdauungsbeschwerden und Bronchialasthma eingesetzt. Im Ayurveda zählt Ingwer zu den heiligen Pflanzen.

Kardamom

Kardamom ist eine Pflanze aus der Familie der Ingwergewächse. Indien ist das größte Produktionsland. Kardamom wächst als Staude und wird oft über vier Meter hoch. Da die Früchte unterschiedlich reifen, muss von Hand geerntet werden. Darum gehört Kardamom auch zu den teuersten Gewürzen. Kardamom ist vielseitig für süße und würzige Speisen verwendbar. Wir mögen den Geschmack von Kardamom gerne im Rohkostbrot.

Dieses Gewürz wirkt sich ungemein positiv auf die Verdauung, ganz speziell den Magen, aus und hilft schnell und sicher bei Blähungen. Auch eine aphrodisische Wirkung soll belegt sein, dazu sollen die Kardamomsamen gekaut werden. Auf diese Weise wirken sie außerdem appetitanregend und verbessern den Atem. Kardamome sind ein fixer Bestandteil des Curry.

Knoblauch

Knoblauch gehört zur Familie der Alliumgewächse. Viele Rohköstler empfinden ihn als zu scharf und meiden ihn in der Küche. Wir verwenden ihn nach wie vor. Im Sommer verwenden wir die grünen Teile für den Salat. Knoblauch wächst bei uns im Garten, darum macht es uns keine Schwierigkeiten, an seine grünen Teile zu kommen. Knoblauch hat viele positive Eigenschaften. Er wirkt blutreinigend, senkt den Cholesterinspiegel und soll Asthmabeschwerden lindern. Aber vor allem wirkt er wie alle Familienmitglieder der Alliumgewächse blutdrucksenkend. Menschen, die einen niederen Blutdruck haben, spüren es vielleicht, wenn zu viel Knoblauch in der Nahrung ist. In diesem Fall ist das frische Grün mit seiner sanften Wirkung zu empfehlen.

Ganz wunderbar mundet Knoblauch im Rohkostbrot. Durch das milde Trocknen verflüchtigt sich der scharfe Geschmack, und der gefürchtete Geruch stellt sich nicht ein.

Knoblauch hat große, lebensverbessernde Eigenschaften. Seit langer Zeit ist bekannt, dass er schlechte Säfte in der Verdauung unterbindet, da er Fäulnis verhindert und beseitigt. Knoblauch wirkt als natürliches Antibiotikum. Knoblauch unterstützt die Ausleitung von Schwermetallen und Umweltgiften, die in der heutigen Zeit fast überall zu finden sind.

Koriander

Koriander ist nicht nur ein Gewürz, sondern auch ein Heilmittel. Koriander neutralisiert Gerüche, wirkt antibakteriell und beugt Rheuma vor. Koriander hilft bei der Verdauung von stärkehaltigen Speisen. Getrockneter Koriander ist sehr eisenreich.

Korianderblätter sind bei uns im Handel fast nicht erhältlich, können aber wie Petersilie verwendet werden, vor allem zum Garnieren und Würzen. Koriander hat einen ganz speziellen Geschmack. Probieren Sie in einer kleinen Mischung, ob Sie dieses Gewürz mögen.

Koriander können Sie auch selber einsäen, um die Blätter zum Würzen verwenden zu können. Diese Pflanze dient der Amalgam-Ausleitung.

Kreuzkümmel

Kreuzkümmel wurde schon im alten Ägypten verwendet, seine Heimat ist der Vordere Orient. Kreuzkümmel wird sehr oft mit Kümmel verwechselt. Beide Pflanzen sind Doldenblütler, aber vom Geschmack grundverschieden. Kreuzkümmel schmeckt scharf und riecht ein bisschen nach Kampfer, darum mit Vorsicht verwenden.

Kreuzkümmel ist ein Grundbestandteil des Currypulvers. Kreuzkümmelöl ist Bestandteil vieler magenstärkender Kräuterliköre. Er gilt als appetitanregend und lindert Magenbeschwerden, Blähungen und Durchfall.

Kümmel

Kümmel ist eines der ältesten Gewürze der Menschheit. Sogar in der Steinzeit wurde er schon verwendet. Alle Kulturen verwendeten dieses Gewürz, selbst in Liebestränken wurde der Kümmel eingesetzt.

Kümmel wächst praktisch überall. Es gibt ihn in Europa, in Asien, und er wird mit gutem Erfolg professionell angebaut. Im Jahr 2002 wurde in Deutschland Kümmel von 450 Hektar Ackerland geerntet.

Kümmel ist in Geschmack und Wirkung bekannt. Sein warmes, würziges Aroma erinnert an frisches Brot. Seine wohltuenden Wirkungen erstrecken sich vor allem auf den Verdauungstrakt. Er ist verdauungsfördernd, krampflösend, reich an ätherischen Ölen, appetitanregend und hilft Blähungen vorzubeugen.

Achtung: Kreuzkümmel ist kein echter Kümmel, obwohl auch er ein Doldenblütler ist.

Kurkuma

Kurkuma gehört zur gleichen Familie wie der Ingwer und war schon vor 5000 Jahren eine heilige Pflanze im Ayurveda. Kurkuma hat eine leuchtend gelbe Farbe und ist stark heilkräftig. Diese Pflanze gehört zu den am besten erforschten Gewürzen, obwohl wir davon ausgehen können, dass die Forschung noch nicht alle Geheimnisse gelüftet hat. Die moderne Medizin hat über 400 klinische Versuche mit Kurkumin durchgeführt und erstaunliche Erkenntnisse gewonnen.

Kurkumin ist ein Radikalenfänger und schützt unsere DNS. Ebenso wurde durch Kurkumin eine günstige Beeinflussung von Alzheimer festgestellt. Heute wird die Kurkuma als krebshemmend, entzündungshemmend, durchblutungsfördernd und leistungssteigernd angesehen. Die kleine Wurzel enthält erstaunliche Stoffe. Es ist darum vorteilhaft, dieses Gewürz in kleinen Mengen in unsere Ernährung einzubauen. Kurkuma hat einen leicht scharfen Geschmack, den man bei geringem Beifügen gar nicht merkt. Im Rohkostbrot schmeckt Kurkuma angenehm und gibt gleichzeitig eine appetitliche gelbe Farbe.

In Überdosierung kann das Gewürz den Eisenhaushalt negativ beeinflussen und Übelkeit, Durchfall und Blutdruckschwankungen verursachen – auch sehr gesunde Nahrungsmittel können, im Übermaß genossen, den Körper schädigen.

Minzeblätter

Wir verwenden Minze normalerweise für Salate, Kaltgetränke, Süßspeisen, Smoothies oder zum Garnieren. Für ein Kaltgetränk frische Kräuter in einen Wasserkrug legen, und nach ein bis zwei Stunden hat das Wasser den Minzgeschmack so weit angenommen, dass es sehr erfrischend wirkt.

Minzeblätter sind zum Würzen empfehlenswert. Sie geben Speisen eine ungewöhnliche und unverwechselbare Note. Minzen sind magenstärkend und unterstützen die Leber und die Bauchspeicheldrüse. Sie helfen dabei, die Nerven zu beruhigen, und schenken einen guten Schlaf.

In den verschiedenen Speisen wirkt die richtige Menge Minze exotisch und raffiniert – wir lieben diesen Geschmack. Alle Minzenarten außer Poleiminze sind verwendbar.

Mohn

Wir verwenden Mohn als süße Füllung für das Rohkostbrot Sonja. Mohn ist optimal für süße Füllungen. Er hat einen angenehmen, nussartigen Geschmack und lässt sich gut trocknen. Archäologische Funde belegen, dass Mohn schon vor 30.000 Jahren von den Neandertalern verwendet wurde.

Salzsole

Wenn in unseren Rezepten Salz angegeben ist, meinen wir damit Salzsole. Salz ist für uns wichtig, nur bekommt der moderne Mensch zu viel davon. Um Salzsole zu gewinnen, legen wir Salzsteine über Nacht in Wasser. Das Wasser löst das Salz und sättigt sich. Diese Salzsole wird nun in Flaschen abgefüllt, die verschlossen werden. Das ist wichtig, da das Wasser sonst verdunstet und nur noch das kristallisierte Salz übrigbleibt.

Da die Salzionen in der Sole bestmöglich verteilt sind, verteilt sich auch das Salz im Essen optimal. So brauchen wir weniger Salz bei gleichem Geschmack.

Interessanterweise haben die verschiedensten Salzsteine (Himalaja-Salz, österreichische Salzsteine) ganz unterschiedliche Würzkraft. Wir hatten Salzsteine, die fast gar keinen Geschmack abgeben konnten. Hier ist Lust am

Experimentieren gefragt. Eine gute Salzsole ist jedenfalls so intensiv, dass mit einem Esslöffel davon eine ganze Schüssel Salat gewürzt werden kann.

Schwarzkümmel

Schwarzkümmel gehört zur Familie der Hahnenfußgewächse. Er erinnert geschmacklich ein wenig an Pfeffer. Schwarzkümmel wirkt gegen Blähungen und Verdauungsstörungen und wird auch gerne als alte Heilpflanze bezeichnet. Früher wurde diese Pflanze oft in Bauerngärten angebaut, da sie ein geschätztes Mittel gegen Keuchhusten und Asthma war. Heute wird Schwarzkümmel hauptsächlich von Gewürzliebhabern verwendet, die den pfefferähnlichen, stark würzigen Geschmack mögen.

Stevia

Ist eine Pflanze, deren Blätter extrem süß schmecken. Wir verwenden kein Pulver, sondern nur die getrockneten Blätter. Von dieser Pflanze genügt oft nur eine Prise, um die natürliche Süße der anderen Zutaten zu betonen.

Wacholder

Wacholderbeeren gehörten im Mittelalter zu den Mitteln, die die Pest fernhalten sollten.

Wir haben selber Wacholdersträucher gefunden, und die Beeren geerntet. Seit dieser Zeit wissen wir, wie wichtig Handschuhe bei der Ernte sein können. Wacholderbeeren sind das einzige Gewürz, das von einem Nadelbaum stammt. Sie besitzen einen angenehmen, harzigen Geschmack, wirken durchblutungsfördernd und vitalisierend auf ältere Menschen und verhindern Koliken sowie Blähungen.

Zimt

Der würzige Zimtgeschmack und -geruch gehört zu den Gerüchen der Kindheit. Meist denken wir dabei an Winter und Weihnachten.

Zimt wächst als Strauch und wird in niedriger Höhe gehalten, um die Ernte zu erleichtern. Die äußere Rinde wird geschält, die Innenrinde eingeritzt und per Hand eingerollt. Arbeiter gehen regelmäßig durch die Reihen und rollen die Rinde nach. Je dünner die Rinde, desto feiner und hochwertiger das Aroma. Zimt ist gemahlen oder in ganzen Rollen erhältlich. Beim Einkauf besser Zimtstangen wählen und bei Bedarf selber mahlen.

Im Handel sind zwei Sorten erhältlich: Ceylon-Zimt und Cassia-Zimt.

Ceylon-Zimt stammt aus Sri Lanka, für seine Produktion werden dünne Äste und dünne Rinden verwendet. Er gilt allgemein als hochwertiger Zimt, da er einen geringeren Cumarin-Gehalt und einen feineren Geschmack hat.

Cassia-Zimt stammt aus China. Er wird aus dickerer Rinde von oft älteren Bäumen produziert. Cassia-Zimt schmeckt strenger, beinahe ein bisschen bitter. Der Cumarin-Gehalt ist relativ hoch. Aus diesem Grund wird von zu viel Zimtverzehr auch abgeraten. Denn eine Überdosis Cumarin kann Kopfschmerzen auslösen und die Leber belasten. Deshalb soll z. B. ätherisches Zimtöl in der Schwangerschaft nicht verwendet werden.

Zimt ist ein Lieblingsgewürz, weil es so wohlschmeckend und so wertvoll für den Körper ist. Für die Deutsche Gesellschaft für Ernährung e.V. gehört Zimt zu den Gewürzen mit dem höchsten Eisengehalt. Darum verwundert es auch nicht, dass es schon in der indischen Ayurveda-Medizin verwendet wurde. Auch die moderne Medizin hat den Stoff entdeckt. Es wurden Versuche gemacht, die eindeutig eine cholesterin- und nüchternblutzuckersenkende Wirkung nachweisen konnten. Der Blutzucker wurde zwischen 18 und 28 % gesenkt und das LDL-Cholesterin zwischen sieben und 27 %. Das sind beeindruckende Ergebnisse, aber Zimt wirkt auch kreislaufanregend (gegen niederen Blutdruck), regt die Magen- und Gallensäfte an, wirkt entzündungshemmend bei Darminfektionen und Erkältungen, hilft bei Husten, Heiserkeit und wirkt gegen Blähungen.

Zimteinlagen werden gegen Fußschweiß empfohlen, denn der Zimt ist durch das enthaltene Zimtöl antimikrobiell. Zimt sollte aus diesem Grund immer zu Hause sein und in vernünftigen Mengen verwendet werden.

Zitronengras

Zitronengras verleiht Gerichten einen intensiven Zitronengeschmack. In Südamerika wird aus Zitronengras Tee zubereitet. Getrocknetes und gemahlenes Zitronengras nennt sich Serehpulver. Mit Zitronengras können Salate gewürzt werden, es passt auch gut zu Kokosmilch.

Zitronenmelisse

Die Melisse ist eines der wertvollsten Kräuter, die wir kennen. Diese Pflanze wächst auf dem Balkon oder im Garten, es lohnt sich, sie zu pflanzen. So kann jederzeit geerntet werden, auch getrocknet, als Vorrat für die Winterküche. Die Melisse wirkt beruhigend auf die Seele, bei nervösem Magen und ist ein wunderbares Gewürz für Salate und Saucen. Melisse hat eine aufbauende Wirkung auf die Gehirnsynapsen und verbessert die Denkleistung. Hildegard von Bingen meinte: Sie (Melissen) machen einen „hellen Geist/Kopf".

Zwiebel

Die Zwiebel ist eine direkte Verwandte des Knoblauchs. Sie wirkt ebenfalls blutdrucksenkend. Die Zwiebel ist für reine Rohköstler beinahe zu stark. Aus diesem Grund verwenden wir bei dieser Pflanze meist nur die grünen Teile für Salate und Smoothies. Im Rohkostbrot kann aber die Zwiebelknolle gut verwendet werden, da sich durch den Trocknungsprozess viele scharfe Stoffe verlieren.

Die Zwiebel ist eine sehr heilsame Pflanze. Sie regt die Verdauung an, reinigt den Darm und wirkt harntreibend.

Getrocknete Zwiebeln und Tomaten

Für Würzzwecke ist es oft auch in der Rohkostküche sehr praktisch, wenn getrocknete Zwiebeln im Haus sind. Zwiebeln sind preisgünstig und lange haltbar. Einfach Zwiebeln schneiden, trocknen und in Gefäße abfüllen.

Das Gleiche gilt für Tomaten. Falls Sie in einem südlichen Land die große Tomatenernte-Schwemme erleben dürfen oder sie auf einem Markt besonders günstig entdecken, dann einfach auf den Trockner damit, aufbewahren und zur Geschmacksintensivierung in der Rohkostküche verwenden. Auch als Knabberei sehr lecker.

Getrocknete Früchte sind lange haltbar und für Füllungen sehr praktisch. Im Bild sehen Sie getrocknete Pflaumen (Zwetschken) und Apfelspalten.

Suppen

Rohkost-Paprika-Suppe Sandra
für 4 Personen

Zutaten:

4 große, bunte Paprika (keine grünen)
1 Glas Sonnenblumenkeimlinge
4 EL gekeimte Kürbiskerne
1 l Wasser
Curry, scharf
Salzsole
Haselnussöl
½ kleine Zwiebel

Zubereitung:

▸ Paprika waschen und entkernen, mit den Sonnenblumenkeimlingen vermischen. ▸ Mit Curry, Salzsole und dem Haselnussöl würzen. ▸ Die Zwiebel feinst schneiden und vor dem Servieren über die Suppe streuen. ▸ Bei Bedarf können Sie Rohkostbrot dazu essen.

Tomaten-Zwiebel-Suppe Harald
für 4 Personen

Zutaten:

2 große Tomaten
40 g getrocknete Tomaten
Liebstöckel
1 l Wasser
frischen Ingwer nach Geschmack
4 EL Sonnenblumenkeimlinge
Petersilie
Schnittlauch
Camelina-Öl

Zubereitung:

▸ Wasser in den Mixer füllen, Tomaten und getrocknete Tomaten, Petersilie, Liebstöckel, Ingwer, Keimlinge und Öl hinzufügen. ▸ Alles fein mixen. ▸ Den Schnittlauch zur Dekoration verwenden.

Je mehr getrocknete Tomaten, desto intensiver das Aroma. Als Suppeneinlage schmeckt geriebenes Rohkostbrot oder getrocknete Champignons.

Tomaten-Kokos Suppe Annemarie
für 4–6 Personen

Zutaten:

2 TL Bio-Energie-Suppe Goldwürze

3 Tomaten

3 Petersilienpflanzen

4 Scheiben Pastinake

1 Jungzwiebel

wenig scharfer Paprika

4 Scheiben Petersilienwurzel

Fruchtfleisch einer jungen Kokosnuss oder Kokosmus

1 ½ Liter Wasser

Zubereitung:

▸ Wasser in den Mixer einfüllen, und mit den übrigen Zutaten vermixen. ▸ Als Suppeneinlage: Schnittlauch, getrocknetes Rohkostbrot, getrocknete Champignons

Gemüsesuppe Lorenz
für 4 Personen

Zutaten:

30 g Fenchel
2 g Meerrettich [Krenwurzel]
40 g Sellerie
4 Stängel Petersilie
1 Karotte
30 g Pastinaken
20 g Frühlingszwiebel [Jungzwiebel]
1 TL Kümmel
½ EL Salzsole
1 l Wasser
5 EL Sonnenblumenkeimlinge
50 g eingeweichte Walnusskerne
1 g frischer Ingwer
120 g Paprika, rot

Zubereitung:

▸ Wenn nötig, alle Zutaten schälen, danach klein schneiden. ▸ In den Mixbecher geben, mit Wasser auffüllen und mixen. ▸ Wer einen Mixer mit integrierter Temperaturanzeige besitzt, könnte diese Suppe auch warm essen. ▸ Als Suppeneinlage getrocknete Champignons in die Suppe streuen.

Salate

Salat mit Sprossen
für 2–3 Personen

Zutaten:

1 Eisbergsalat
1 roter und 1 gelber Paprika
½ Glas Sonnenblumenkeimlinge
¼ Glas Mungobohnenkeimlinge
Salzsole
Haselnussöl

Zubereitung:

▸ Salat und Paprika fein schneiden, beides miteinander vermischen. ▸ Die Keimlinge untermengen und mit Salzsole und Haselnussöl pikant abschmecken. ▸ Zum Servieren in einem Salatblatt anrichten.

Falls Bittersalate nicht so gerne gegessen werden, kann man auch Kopfsalat verwenden.

Salatdressing oder Partydip Julius
für 4 Personen

Zutaten:

4 bis 6 Paprika, gelb
Curry
Salzsole
Haselnussöl

Zubereitung:

▸ Paprika ohne Kerngehäuse versmoothen, mit Curry, Salzsole und Haselnussöl würzen. ▸ Mit dem Öl nicht zu sparsam sein, da es dem Dressing die cremige Konsistenz gibt.

Abgewandelt kann Knoblauch oder Ingwer verwendet werden. Die Creme darf intensiv schmecken. Mit längs geschnittenen Gurken wird sie zum Partydip.

Über einen Salat gibt diese Paprikacreme ein wunderbares Salatdressing.

Salat Silvio
für 2–3 Personen

Zutaten:

2 Salatgurken
2 Paprika, bunt
Mungobohnenkeimlinge
Rohkostbrot
Tomaten zur Dekoration
Paprikadip (siehe S. 77)

Zubereitung:

▸ Die Gurken streifenförmig schneiden. ▸ Paprika aushöhlen und mit den Gurkenstreifen füllen. ▸ Den Paprikadip mit dem Mixer herstellen und über die Gurken geben. ▸ Mit Sprossen bestreuen. ▸ Wichtig ist, dass die Paprikasoße einen würzigen Geschmack hat. ▸ Mit Rohkostbrot und Tomaten dekorieren.

Wintersalat Bruno
für 2–3 Personen

Zutaten:

2 Handvoll Feldsalat
4 Krautblätter
½ Eisbergsalat
½ Bund Schnittlauch
Anis
Salzsole
Ingwer
Walnüsse nach Geschmack, aber vorher 24 h einweichen
4 EL Zirbennüsse
Leinöl
Tomaten zum Dekorieren
Bibernellwurzelpulver

Zubereitung:

▸ Feldsalat grob schneiden, Krautblätter, Schnittlauch und Eisbergsalat fein schneiden. ▸ Alles vermischen, mit Anis, Salzsole, Ingwer und Leinöl würzen. ▸ Die Nüsse unterrühren und mit Tomaten dekorieren. ▸ Wenn vorhanden, das Bibernellwurzelpulver unter den Salat mischen.

Gefüllte Salattaschen Marianne
für 4 Personen

Zutaten:

1 Eisbergsalat
100 g Rote Rüben [Rote Bete]
140 g Kohlrabi
130 g geriebene Haselnüsse
Salzsole
Haselnussöl

Zubereitung:

▸ Die Blätter des Eisbergsalats vorsichtig ablösen, um sie nicht zu verletzen. ▸ Danach waschen und zum Abtropfen auf ein Küchentuch legen. ▸ Rote Rüben [Rote Bete] und Kohlrabi fein reiben. ▸ Dann die frisch geriebenen Haselnüsse hinzufügen und die Masse pikant mit Salzsole und Haselnussöl abschmecken.

▸ Frisch geriebene (ev. im Green Star gepresst, die Pressdruckfedern müssen möglichst eng gestellt werden) Haselnüsse verwenden, dann sind sie in ihrer Konsistenz weich, krümelig und binden die Würze ausgezeichnet.
▸ Die Gemüse-Nuss-Mischung in die Salatblätter füllen und zu einer Tasche falten. ▸ Schmeckt hervorragend als Jause oder als Mittagessen.

Eine Variante ist es, das Herz des Salates, drei Petersilienstängel und eine Frühlingszwiebel (Jungzwiebel) mitsamt dem Grün fein zu schneiden und ebenfalls unterzuheben, ehe die Masse in die Salatblätter gefüllt wird.

Salatdressig – Krautpesto Quetta
für 4 Personen

Zutaten:

½ Weißkraut
2 Knoblauchzehen
½ große Zwiebel
5 EL Sole
Kümmel
Curry
2 EL Olivenöl
rotes Paprikapulver
1 Msp. scharfer Chili

Zubereitung:

▸ Zuerst Zwiebel mit Sole im Mixer versmoothen. ▸ Dann das Kraut in kleinen Portionen dazugeben und die Gewürze mitmixen. ▸ Die Masse in ein sauberes Glas füllen und mit Olivenöl bedecken. ▸ Solange das Krautpesto mit Öl bedeckt ist, ist es gut haltbar. ▸ Im Kühlschrank lagern.

Bittersalat Amelie
für 2–3 Personen

Zutaten:

100 g ganze Mandeln (24 h eingeweicht)
½ Bund Schnittlauch
1 Eisbergsalat
1 TL Wacholderbeeren
½ TL Kurkuma
Ingwer nach Geschmack

Zubereitung:

▸ Eisbergsalat und Schnittlauch sehr fein schneiden, die Mandeln hinzufügen. ▸ Wacholderbeeren, Kurkuma und Ingwer unterrühren. ▸ Schmeckt ein wenig herb, aber angenehm.

Herzerlsalat Ursula
für 2–3 Personen

Zutaten:

½ Zuckerhut
1 Kopfsalat
einige Zirbennüsse
1 junge Kokosnuss
Spirulinapulver
Sole
Olivenöl
1 kleine, fein geschnittene Zwiebel

Zubereitung:

▸ Die Salate sehr fein schneiden. ▸ Wenn der Zuckerhut sehr bitter ist, vor dem Verarbeiten eine halbe Stunde in lauwarmes Wasser legen, dadurch wird der Salat milder im Geschmack. ▸ Die Kokosnuss in feine Würfel schneiden und mit den Zirbennüssen unter den Salat mengen. ▸ Spirulinapulver nach persönlichem Geschmack verwenden, Sole und Olivenöl zum Salat geben. ▸ Die fein geschnittene Zwiebel untermischen.

Salat Waldhausen
für 4 Personen

Zutaten:

2 dunkle Kopfsalate
1 Glas gekeimte Kürbiskerne
1 kg Tomaten
1 Glas gekeimte Sonnenblumenkerne
Oregano
Salzsole
Haselnussöl
Basilikum

Zubereitung:

▸ Den Kopfsalat fein schneiden. ▸ Dann ein Tomatenpesto zubereiten: Die grob geschnittenen Tomaten mit den gekeimten Sonnenblumenkernen und dem Haselnussöl im Mixer zu einer homogenen Masse vermischen. ▸ Öl und Salzsole dazugeben. ▸ Das Tomatenpesto über den geschnittenen Salat geben, mit gekeimten Kürbiskernen belegen.

Salat Christian
für 2–3 Personen

Zutaten:

2 große, rote Paprika
8 Blätter Chinakohl
½ Eisbergsalat
getrocknete Champignons
Zirbennüsse
Oregano
Bibernellwurzelpulver
1 El Sole
Leinöl
½ Zwiebel
Kressesprossen

Zubereitung:

▸ Die Paprika in feine Würfel schneiden, Chinakohl und Eisbergsalat ebenfalls fein schneiden und alles zusammenmischen. ▸ Die getrockneten Champignons, die Zirbennüsse, den Oregano, das Bibernellwurzelpulver und die fein geschnittene Zwiebel dazumischen. ▸ Mit Kressesprossen und Sole abschmecken.

Kressesprossen sind sehr scharf, darum nicht zu viele verwenden.

Tomaten-Kopfsalat Erika
für 2 Personen

Zutaten:

1 Kopfsalat
6 Tomaten
Salzsole
Haselnussöl

Zubereitung:

› Kopfsalat fein schneiden, Tomaten fein würfeln – für jeden Teller eine halbe Tomate in Streifen schneiden (Deko) und mit Salzsole und Haselnussöl abschmecken.

Einfach, schnell, wohlschmeckend und sättigend.

Joghurtsalat Elke
für 2–3 Personen

Zutaten:

250 g Feldsalat
100 g Mandel-Kokosnuss-Masse, fein
½ TL Anis
1 TL Gelbwurzpulver
½ TL Oregano
2 Bund Schnittlauch
1 EL Sole
1 EL Flohsamenschalen

Zubereitung:

▸ Feldsalat waschen und schneiden. ▸ Die Mandel-Kokosnuss-Masse wird mit dem Green Star gewonnen: Mandeln und eine Kokosnuss werden mit viel Druck durch das Gerät gepresst. Vorne kommt aus dem Green Star eine grobe Mandel-Kokos-Masse und darunter die feine Masse. Die grobe Masse kann in Rohkostkuchen verarbeitet werden, die feine Masse wird mit den oben angegebenen Gewürzen vermischt und als Dressing über den Salat gegeben. ▸ Das Ergebnis schmeckt ähnlich wie Joghurt. ▸ Der Feldsalat passt außerordentlich gut zu diesem Dressing.

Salat Tanja
für 2 Personen

Zutaten:

1 Kopfsalat
¼ Keimglas Sonnenblumenkeimlinge
40 g getrocknete Champignons
2 EL Zirbennüsse
Oregano
2 EL getrocknete Zwiebel
5 Tomaten
Salzsole
Haselnussöl

Zubereitung:

▸ Kopfsalat fein schneiden, Sonnenblumenkeimlinge, getrocknete Champignons, Zirbennüsse, Oregano und die getrocknete Zwiebel zusammenmischen. ▸ Die Tomaten sehr fein schneiden und untermischen. ▸ Mit Salzsole abschmecken. ▸ Haselnussöl dazugeben.

Salat Maria *für 2 Personen*

Zutaten:

4 große Kopfsalatblätter
4 große Chinakohlblätter
1 Bund Schnittlauch
2 rote Paprika
Salzsole
Haselnussöl

Zubereitung:

▸ Kopfsalat und Chinakohl fein schneiden, Schnittlauch und Paprika ebenfalls schneiden und dazugeben. ▸ Mit Salzsole und Haselnussöl würzen.

Mittagssalat Juliana *für 2–3 Personen*

Zutaten:

1 Kopfsalat	Leindotteröl
2 rote Paprika	1 Bund Schnittlauch
1 gelber Paprika	Petersilie nach Geschmack
Rosmarin	¼ Fenchel

Zubereitung:

▸ Kopfsalat, Fenchel und die Paprika fein schneiden. ▸ Mit Rosmarin und Leindotteröl abschmecken. ▸ Schnittlauch und Petersilie dazugeben, umrühren, fertig. ▸ Bei der Petersilie auf die Menge achten, sie schmeckt sehr stark heraus. ▸ In richtiger Dosierung verleiht sie dem Salat einen wunderbaren würzigen Geschmack.

Spiru-Vital-Salat Peter
für 2 Personen

Zutaten:

1 ½ Salat Frisee
Salzsole
Leinöl
1 TL Anissamen, frisch gemahlen
Angelikawurzelpulver, wenn vorhanden
1 TL Spirulinapulver
etwas geriebener Ingwer
3 EL Wasser

Zubereitung:

▸ Den Salat klein schneiden, mit Salz und Öl, Anis und Ingwer (Wurzelpulver, wenn vorhanden) vermengen. ▸ Spirulina und das Wasser dazugeben, damit sich das Pulver gut verteilt.

Dieser Salat ist für Liebhaber von Spirulina gedacht. Man kann das Dressing natürlich auch für andere Salate verwenden.

Auf dem Bild sehen Sie den Spiru-Vital-Salat und gefüllte Paprika.

Krautsalat Jakob
für 2 Personen

Zutaten:

½ Krautkopf
Kümmel
Kurkuma
Wacholderbeeren
Salzsole

Zubereitung:

▸ Krautkopf auf der Reibe fein raspeln, mit Kümmel, Kurkuma, Wacholderbeeren und Salzsole fein abschmecken. ▸ Den Salat in ein leeres Glas drücken, bis der Saft austritt, und dann geschlossen einen Tag stehen lassen. ▸ Dadurch wird das Kraut weich, und das Aroma entwickelt sich stärker.

Mit ganz frischem Kraut im Herbst ist dieses Gericht ein Gedicht.

Pesto

Paprika-Meerrettich-Pesto Siegfried
für 4 Personen

Zutaten:

4 Paprika, rot
Meerrettich [Kren] nach Geschmack
Salzsole
Olivenöl
Oregano

Zubereitung:

▸ Paprika vom Kerngehäuse entfernen und pürieren, Meerrettich [Kren] reiben, zur Masse geben, mit Salzsole, Öl und Oregano würzen. ▸ Das Dressing soll intensiv schmecken, da der Salat damit gewürzt wird.

Grünes Pesto Gundula
für 2–3 Personen

Zutaten:

2 Handvoll Feldsalat [Vogerlsalat]
½ kg Tomaten
1 Frühlingszwiebel [Jungzwiebel], grüner Teil
Salzsole
Oregano
Haselnussöl

Zubereitung:

▸ Feldsalat [Vogerlsalat] und Tomaten versmoothen. ▸ Den grünen Teil der Frühlingszwiebel [Jungzwiebel] dazugeben. ▸ Alles zusammen ohne Wasser mixen. ▸ Mit Salzsole, Oregano und Öl abschmecken.

Selleriepesto Sebastian
für mehrere Mahlzeiten

Zutaten:

Selleriegrün
Olivenöl
Wüstensalz

Zubereitung:

▸ Sellerie mit ein bisschen Öl mixen, 4 bis 6 Löffel Salz (körnig) dazugeben. ▸ In Gläser abfüllen und mit Öl bedecken. ▸ Darauf achten, das Pesto immer mit Öl bedeckt zu halten. ▸ In der kühlen und dunklen Speisekammer hält dieses Pesto mindestens drei Monate.

Wer dieses Pesto verwendet, sollte zu den Sellerie-Liebhabern gehören. Manche lieben den Geschmack, während er vielen anderen zu intensiv ist.

Brennessel-Pesto/-Suppe
für 4 Personen

Zutaten:

viele getrocknete oder frische Brennnesselblätter
Borretsch, Blüten und Blätter
etwas Frühlingszwiebel [Jungzwiebel]
1 Handvoll Cashewnüsse
1 TL Oliventapenade oder etwas Sole
Wasser
1 TL Leinsamen

Zubereitung:

▸ Die Brennnesselblätter 1:1 mit dem Borretsch mischen und die Frühlingszwiebel [Jungzwiebel] dazugeben, in den Mixbecher füllen. ▸ Soll es eine Suppe werden, dann zwei bis drei Tassen Wasser dazugeben. ▸ Soll es ein Pesto werden, sollte eine Tasse Wasser reichen. ▸ Zuerst alle Zutaten mixen, und erst zum Schluss die Cashewnüsse untermengen. ▸ Nach dem Mixen kann man noch Leinsamen hinzufügen.

Tomatenpesto
für 4 Personen

Zutaten:

vollreife Tomaten
etwas Sole
Oregano
scharfer Paprika
Gelbwurz
gekeimte Sonnenblumenkerne

Zubereitung:

▸ Tomaten, Sole und Gewürze in den Mixer füllen und mixen. ▸ Die gekeimten Sonnenblumenkerne erst dazugeben, wenn sich die Tomaten schon verflüssigt haben. ▸ Nach dem Mixen eventuell Leinsamen, klein geschnittene Zwiebeln oder zerkleinerten Knoblauch hinzufügen.

Bärlauchpesto Lydia
für 4 Personen

Zutaten:

1 kg Bärlauch
4 bis 6 EL Wüstensalz (in Pulverform)
Olivenöl

Zubereitung:

▸ Bärlauch mit Öl mixen. ▸ Nur so viel Öl in den Mixer geben, wie die Maschine braucht, damit der Bärlauch eine cremige Masse ergibt. ▸ Nun das Salz dazugeben. ▸ In Gläser füllen und mit Öl bedecken. ▸ Darauf achten, dass das Pesto immer mit Öl bedeckt ist.

Dieses Bärlauchpesto ist ein reines Würzpesto und hält bei uns in der Speisekammer, die kühl und dunkel ist, bis zu drei Monate.

Die Haltbarkeit ist abhängig vom Salzgehalt. Unbedingt darauf achten, trockenen Bärlauch zu verwenden, also nach dem Waschen trockenschleudern. Wenn sich zu viel Wasser im Pesto befindet, verkürzt dies die Haltbarkeit.

Hauptgerichte

Kurkuma-Karfiol [Blumenkohl] Sonja
für 2 Personen

Zutaten:

½ Karfiol [Blumenkohl]
Sole
Haselnussöl
1 TL Kurkuma

Zubereitung:

▸ Karfiol [Blumenkohl] fein reiben, mit Kurkuma, Sole und Haselnussöl mischen.

Tomaten-Rohkost mit geriebenem Karfiol [Blumenkohl]
für 4 Personen

Zutaten:

1 Karfiol [Blumenkohl]
1,5 kg Tomaten
Salzsole
Haselnussöl

Zubereitung:

‣ Karfiol [Blumenkohl] reiben, Tomaten klein schneiden. ‣ Auf einem Teller ringförmig anordnen. ‣ Mit Salzsole und Öl würzen.

Grundrezept Knödel Regina
für 4 Personen

Zutaten:

2 bis 3 Stängel Petersilie
1 Bund Schnittlauch
100 g Fenchel
300 g Kohlrabi
600 g Karfiol [Blumenkohl]
1 Karotte
Trockenzwiebeln nach Geschmack (selbst gemacht)
getrocknete Champignons nach Gefühl
1 EL Salzsole
7 EL Leinsamen
Majoran
Kurkuma
1 Handvoll Haselnüsse, eingeweicht

Zubereitung:

▸ Leinsamen mit Majoran und Kurkuma im Mixbecher pulverisieren. ▸ Nun Petersilie, Fenchel, einen EL Salzsole, die Hälfte vom Karfiol [Blumenkohl], dem Kohlrabi und von der Karotte in die Leinsamenmasse geben und alles zusammen noch einmal mixen. ▸ Diese Masse nun in eine Schüssel geben und mit dem auf der Reibe fein geriebenen Gemüse (die anderen Hälften von Karfiol [Blumenkohl], Kohlrabi und Karotte) zusammenmischen. ▸ Nun Knödel formen und in verschiedenen Zutaten wälzen, zum Beispiel in den getrockneten Champignons und den Trockenzwiebeln.

Gefüllte Gurke Iris-Adrienne
für 2 Personen

Zutaten:

1 Gurke
120 g Feldsalat
100 g Karfiol [Blumenkohl]
100 g Fenchel
1 Keimglas Kürbiskerne, gekeimt
verschiedene Würzmischungen:
Kurkuma, süßer Paprika, Salzsole und Basilikum oder
Pfefferminze, Salzsole und Zitronengras
Sonnenblumenkeimlinge zum Dekorieren

Zubereitung:

▸ Die Gurke in der Mitte auseinanderschneiden und aushöhlen. ▸ Feldsalat, Karfiol [Blumenkohl], Fenchel und Kürbiskerne im Mixer versmoothen. ▸ Die Masse nun nach Geschmack würzen. ▸ Würze 1 ist mit Kurkuma, süßem Paprika, Salzsole und Basilikum gemacht. ▸ Würze 2: Pfefferminze, Zitronengras und Salzsole. ▸ Die Masse darf pikant schmecken. In die Gurke füllen, mit Sonnenblumenkeimlingen dekorieren und mit Salatbeilage servieren.

Gefüllter Eisbergsalat Nicoletta
für 3–4 Personen

Zutaten:

1 Glas gekeimte Sonnenblumenkerne
1 roter Paprika
1 gelber Paprika
1 Eisbergsalat
100 g Karfiol [Blumenkohl]
Kurkuma
Salzsole
1 Zwiebel
1 Radieschen
Oregano
1 Bund Schnittlauch

Zubereitung:

▸ Den Eisbergsalat in der Mitte auseinanderschneiden und aushöhlen. ▸ Einen Teil des ausgehöhlten Salates in den Mixbecher geben, den anderen klein schneiden und zur Seite stellen. ▸ Von den Sonnenblumenkeimlingen vier EL auf die Seite geben und die anderen in den Mixbecher mit den Paprikas und dem Karfiol [Blumenkohl] versmoothen. ▸ Die Masse nun pikant abschmecken. ▸ Salzsole, Kurkuma, Oregano und klein geschnittenen Schnittlauch untermischen. ▸ Den klein geschnittenen Eisbergsalat und klein geschnittene Zwiebel unter die Masse rühren. ▸ Nun noch drei EL Sonnenblumenkeimlinge unterrühren.

▸ Die Masse in den Salat füllen und mit Radieschen und Sonnenblumenkeimlingen dekorieren. ▸ Sofort genießen.

Gefüllte Tomaten Rudolf
für 2 Personen

Zutaten:

4 mittelgroße Tomaten
Salzsole
½ Eisbergsalat
getrocknete Tomaten nach Geschmack
etwas Feldsalat

Zubereitung:

▸ Tomaten aushöhlen. ▸ Die ausgehöhlte Tomatenmasse in den Mixer geben. ▸ Die Hälfte des Eisbergsalats und die getrockneten Tomaten dazugeben. ▸ Je mehr getrocknete Tomate, desto intensiver der Geschmack. ▸ Alles durchmixen und mit Salzsole würzen. ▸ Den restlichen Eisbergsalat sehr fein schneiden und unter die Tomaten-Salat-Creme mischen. ▸ Nicht zu wenig Salat verwenden, die Creme soll nicht zu fein sein. ▸ In die Tomaten füllen und mit getrockneten Tomaten und Feldsalat garnieren.

Rotkraut Stefan
für mehrere Mahlzeiten

Zutaten:

1 kleines Rotkraut
1,5 EL gemahlener Kümmel
2 EL Wacholderbeeren
½ TL Kurkumapulver
½ TL Rosmarin
½ TL Estragon
½ TL Zitronengras
2 EL Sole
60 g Zirbennüsse

Zubereitung:

▸ Das Rotkraut auf der Reibe raspeln. ▸ Mit den Gewürzen mischen und die Nüsse unterheben. ▸ Nun in Gläser einfüllen und gut hineinpressen. ▸ Einen Tag stehen lassen und genießen.

Karottenspaghetti mit Cashewsauce Claudia Styblo
für 1 Person

Zutaten:

1 bis 2 Karotten (in Julienne-Streifen geschnitten)

Sauce:
1 Paprika
2 EL Cashewkerne
1 EL Bierhefe
1 Msp. Kurkuma
Salz
Pfeffer

Zubereitung:

› Karotten auf dem Teller anrichten, Cashewsauce darübergeben, mit Hanfsamen und Brennnesselsamen bestreuen und mit Rucola, Feldsalat und Bataviasalat garnieren.

Rote-Rüben-Ravioli Madleen Styblo
für 1 Person

Zutaten:

1 Rote Rübe [Rote Bete]

Füllung:
2 EL Mandelmus
Salz
Pfeffer
2 EL Petersilie

Zubereitung:

▸ Rote Bete in dünne Scheiben schneiden. ▸ Zutaten für die Füllung zusammenmischen und auf eine Scheibe Rote Rüben [Rote Bete] geben. ▸ Mit einer anderen Scheibe zudecken. ▸ Dazu passt grüner Salat mit Wildkräutern.

Gefüllte Paprika Hildegard
für 3–4 Personen

Zutaten:

1 Glas gekeimte Sonnenblumenkerne
100 g Fenchel
150 g Karfiol [Blumenkohl]
1 Bund Schnittlauch (3 g)
Salzsole
1 Paprika, fein geschnitten
5 mittelgroße Paprika zum Füllen

Zubereitung:

▸ Die gekeimten Sonnenblumenkerne mit dem Fenchel und dem Karfiol [Blumenkohl] mithilfe des Mixers zu einer Creme verarbeiten. ▸ Den Schnittlauch und einen Paprika waschen und fein schneiden, zur Masse geben. ▸ Mit Salzsole würzen. ▸ Alles gut vermischen. ▸ Nun die Paprika oben aufschneiden, das Kerngehäuse entfernen und mit der Masse füllen. ▸ Die abgeschnittenen Hütchen wieder daraufsetzen. ▸ Mit Salat servieren.

Sonnenlaibchen Viktor
für 3–4 Personen

Zutaten:

300 g Karfiol [Blumenkohl]
7 EL Leinsamen
Majoran
Kurkuma
½ Glas gekeimte Sonnenblumenkerne
Salzsole
1 Bund Schnittlauch
2 Stängel Petersilie
3 Frühlingszwiebel [Jungzwiebel]
1 Handvoll Haselnüsse, eingeweicht

Zubereitung:

▸ Leinsamen mit Majoran und Kurkuma im Mixer pulverisieren. ▸ Nun ein halbes Glas gekeimte Sonnenblumenkeimlinge, Salzsole, Petersilie und Karfiol [Blumenkohl] dazumischen. ▸ Schnittlauch und Frühlingszwiebeln [Jungzwiebeln] fein schneiden und untermischen. ▸ Die Haselnüsse grob raspeln. ▸ Aus der Masse Laibchen formen und in den grob geraspelten Haselnüssen wälzen, damit eine Panier entsteht. ▸ Die Laibchen trocknen. ▸ Bei nicht zu langer Trockenzeit sind sie weich und herzhaft.

Diese Sonnenlaibchen schmecken gut mit Salat Maria und Kurkuma-Karfiol (Blumenkohl).

Renées Bananen-Buchweizen-Teller
für 1 Person

Zutaten:

1 Tasse gekeimter Buchweizen
½ Tasse gekeimter Sesam
2 Bananen
Zimt
1 Löffel Honig

Zubereitung:

- Die Bananen zerdrücken und die restlichen Zutaten untermischen.
- Zur Abwechslung verwenden wir auch gerne Sonnenblumenkeimlinge und Carob.

Zum Mittagessen gereicht, kann Salat dazu gegessen werden. Im Bild unten ein Beispiel mit Gurkenspaghetti und Radicchio.

Heidelbeercreme Martha
für 2–4 Personen

Die Heidelbeercreme gehört zu unseren Lieblingsessen und kommt bei uns in verschiedenen Varianten immer wieder vor.

Grundrezept 1:
2 Handvoll Feldsalat [Vogerlsalat]
ca. 500 g Heidelbeeren
ca. 10 Feigen oder Datteln (richtet sich nach der Süßkraft – Datteln sind süßer als Feigen)
¼ l Wasser
½ TL Zimt und etwas Zitronenmelisse

▸ Alles im Mixer versmoothen und genießen.

Grundrezept 2:
3 große Bananen
10 Datteln
500 g Heidelbeeren
½ TL Zimt
¼ l Wasser

▸ Alle Zutaten versmoothen und genießen. ▸ Wenn Sie gerne experimentieren, können Sie Anis, Carob oder auch einen Hauch von Stevia beimengen.

Grundrezept 3:
½ Eisbergsalat ohne Strunk
1 TL Zimt
1 kg getrocknete Feigen
400 g Heidelbeeren
3 bis 4 EL Carobpulver oder Lucumapulver

Zubereitung:

▸ Alles mixen, die fertige Creme mit Lucumapulver vermischen. ▸ Sie können statt des Lucuma auch Carobpulver verwenden. ▸ Bei Carob werden Sie vielleicht einen Löffel mehr brauchen.

Diese Heidelbeercremen sind ein vollwertiges Mittagessen und vor allem für heiße Sommertage geeignet.

Heidelbeercreme
Fruchtcreme für 2 Erwachsene bzw. für eine Rohkost-Frucht-Torte

Zutaten:

½ bis 1 Glas Wasser
1 bis 2 Bananen (muss nicht sein)
500 bis 600 g Heidelbeeren
1 Handvoll junger Lindenblätter oder Gräser
12 eingeweichte Feigen (oder 12 Datteln)
1 TL Zimt
Steviablätter (gemörsert)
Zitronenmelisseblätter

Zubereitung:

▸ Wenn es ein Pudding werden soll, so gibt man noch zwei EL Flohsamenschalen und drei EL Carobpulver dazu. ▸ Alle Zutaten miteinander vermixen.

Mischen von (Wild-)früchten & Trockenfrüchten

Die Bananen enthalten kaum Fruchtsäuren, wenn sie zu 100% reif sind. Bei Feigen und Datteln bleiben ebenfalls keine Fruchtsäuren übrig, wenn diese getrocknet werden (Trockenfrüchte). Deshalb können Bananen problemlos mit Feigen oder Datteln gemischt werden.

Heidelbeeren enthalten viel Pektin, Schleimstoffe und Polyphenole als Fruchtsäuren. Deshalb wird bei einem guten Mixer (Bianco) mit wenig/ohne Wasser ein richtiger Pudding aus der Mischung, da das Pektin geliert. Die wenigen Enzyme und Fruchtsäuren werden durch die Zugabe von Zimt und Steviablättern nicht nur gut eingebunden, sondern verbessern auch noch die Eisenaufnahme (Zimt). Diese Mischung ist ideal, wenn Energie gebraucht oder viel trainiert wird oder wenn an Gewicht zugenommen werden soll. Danach empfehlen wir, Radicchio oder einen anderen Salat zu knabbern, um die Zähne zu entlasten, die Leber zu stärken und die positive Wirkung noch zu verstärken. Heidelbeeren können durch schwarze Johannisbeeren oder Maibeeren ersetzt werden. Wildfrüchte haben noch einen hohen Anteil an sekundären Pflanzeninhaltsstoffen (Flavonoide und Polyphenole) und im Verhältnis dazu kaum Fruchtzucker (schwarze Johannisbeeren).

Man sollte Feigen oder Datteln nicht durch x-beliebige Trockenfrüchte ersetzen. Getrocknete Äpfel, Zwetschken oder Birnen harmonieren mit der oben angegebenen Mischung nicht mehr richtig.

Lucuma

Die Nationalfrucht Chiles ist bei uns noch kaum bekannt, aber in ihrem Ursprungsgebiet sehr verbreitet und geschätzt. Lucuma wächst in den Bergen Perus, Chiles und Ecuadors. Der Baum wird bis zu 15 m hoch und führt in allen Teilen Milchsaft. Lucuma wächst das ganze Jahr über, ist angenehm süß und das Fruchtfleisch schmeckt leicht mehlig und in getrockneter Form angenehm nach Vanille. Lucuma wirkt positiv auf den menschlichen Körper. Durch Ballaststoffe, Beta-Carotin, Vitamine B1, B2, Niacin und einen erwähnenswerten Eisengehalt. Wir verwenden Lucuma (oft in Pulverform) für Cremen und Rohkostkuchen oder Rohkostschokolade. Sehr empfehlenswert.

Süßspeisen

Käsekuchen Leandra
für 8-12 Personen

Zutaten:

Für den Boden:
100 g Mandeln (einen Tag einweichen)
1 TL Zimt
100 g Feigen

Fülle:
Masse 1:
500 g Heidelbeeren
200 g Feigen
1 TL Zimt
200 g Feldsalat
etwas Wasser
2 EL Flohsamenschalen

Masse 2:
1 Karfiol [Blumenkohl]
1 EL Sole
100 g Feigen
2 EL Kokosfett
1 Prise Stevia (das grüne Blatt)
1 TL Zimt
2 EL Carob

Zubereitung:

▸ Mandeln, Zimt und Feigen im Green Star passieren oder durch die Faschiermaschine drehen. ▸ Alles zu einem Teig vermischen. ▸ Eine Kuchenform (eventuell auch aus Glas) mit Flohsamenschalen bestäuben (damit der Teig nicht anklebt) und einen dünnen Boden auftragen.

▸ Für die Fülle den Feldsalat, wenig Wasser, Feigen, Zimt und Heidelbeeren im Mixer versmoothen. ▸ Wenn diese Masse fertig ist, Flohsamenschalen und Carob untermischen.

▸ Für die zweite Masse zuerst den Karfiol [Blumenkohl] mit Sole pürieren, Kokosfett und Gewürze dazugeben. ▸ Am Schluss noch 100 g Feigen zur Karfiolcreme fügen. ▸ Zur Seite stellen.

▸ Auf den Boden nun die Hälfte der Heidelbeermasse, dann die Karfiolmasse und am Schluss die restliche Heidelbeermasse auftragen. ▸ Die Form einkühlen und nach drei bis vier Stunden servieren.

Bananenkuchen Natalie
für ca. 6 Personen

Zutaten:

Boden:
200 g Mandeln (24 h eingeweicht)
250 g Feigen
1 TL Zimt
Flohsamenschalen (für eine feste Konsistenz)

Füllung:
4 große Bananen
2 bis 3 Bananen zur Deko
4 EL Carob
250 g Feigen
10 weiche Datteln
3 Kerne Kardamom

Zubereitung:

▸ Für den Boden die Mandeln und Feigen durch die Faschiermaschine drehen (Green Star Entsafter). ▸ Zimt beimischen. ▸ Nun die Flohsamenschalen hinzufügen, bis die Masse nicht mehr zu weich ist. ▸ In eine Kuchenform eine dünne Schicht Flohsamenschalen geben, damit nichts anklebt. ▸ Der Boden sollte mit dem Nudelholz ausgerollt werden, bevor er in die Form gegeben wird.

▸ Für die Füllung die Bananen, Datteln, Kardamom und die Feigen durch den Green Star (Faschiermaschine) pressen und der Carobmasse beifügen. ▸ Die Hälfte der Bananenmischung auf den Boden auftragen. ▸ Mit geschnittenen Bananenscheiben belegen. ▸ Mit der zweiten Hälfte bedecken. ▸ Zur Dekoration wieder mit Bananenscheiben bedecken. ▸ Bis zum Verzehr kühlstellen und dann stürzen.

Heidelbeer-Bananen-Kuchen
für ca. 6 Personen

Zutaten:

Boden:
150 g Walnüsse
150 g Feigen
1 TL Zimt
Flohsamenschalen nach Bedarf

Fülle Mitte:
5 große Bananen
1 bis 2 EL Flohsamenschalen

Zubereitung:

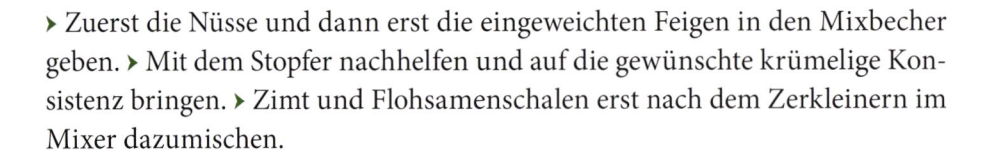

▸ Zuerst die Nüsse und dann erst die eingeweichten Feigen in den Mixbecher geben. ▸ Mit dem Stopfer nachhelfen und auf die gewünschte krümelige Konsistenz bringen. ▸ Zimt und Flohsamenschalen erst nach dem Zerkleinern im Mixer dazumischen.

▸ Für die Fülle in der Mitte zerdrückt man die Bananen mit einer Gabel und vermischt sie mit den Flohsamen.

Heidelbeermasse:
200 g Feldsalat
wenig Wasser
1 Prise Steviablätter
200 g Feigen
1 TL Zimt
400 g tiefgefrorene Heidelbeeren
1 bis 2 EL Flohsamen-Schalen
2 bis 3 EL Carobpulver (Johannisbrotpulver)

Zubereitung:

▸ Feldsalat mit möglichst wenig Wasser sämig mixen, dann Steviablätter und Feigen dazugeben, ebenfalls mixen. ▸ Zum Schluss kommen die tiefgefrorenen Heidelbeeren hinzu. ▸ Noch einmal gründlich durchmixen und mit dem Stampfer nachhelfen. ▸ Die Masse mit Flohsamen vermischen. ▸ Um die Masse noch stabiler zu machen, mit Carobpulver vermischen, das muss aber nicht unbedingt sein. ▸ Eine Kuchenform mit Flohsamenschalen ausstreuen.
▸ Der Aufbau des Kuchens: Boden – die halbe Heidelbeercreme – Bananencreme – wieder Heidelbeercreme.

Mohnkuchen Adrienne
für ca. 8–10 Personen

Zutaten:

340 g Mohn (24 h einweichen)
200 g Rosinen (1 h eingeweicht)
400 g Datteln
250 g Feigen (ca. 3 Stunden einweichen)
200 g Haselnüsse (über Nacht einweichen)
2 kg Bananen
2 TL Zimt
Flohsamenschalen für den Boden

Zubereitung:

▸ Für den Boden die Hälfte der Haselnüsse und die Hälfte der Feigen durch die Faschiermaschine drehen. ▸ Gut vermischen und Zimt dazugeben. ▸ Falls notwendig, mit Flohsamenschalen mischen, bis die überflüssige Feuchtigkeit aufgesogen ist. ▸ Flohsamenschalen in die Kuchenform einstreuen und die Bodenmasse auftragen.

▸ Für die Füllung den Mohn fein reiben (Mohnmühle). ▸ Rosinen unter die Mohnmasse rühren. ▸ Die restlichen Nüsse, Feigen, drei Bananen und die Datteln durch die Faschiermaschine drehen und mit der Mohnmasse vermengen. ▸ Nun die restlichen Bananen in Scheiben schneiden. ▸ Die Mohnmasse dünn auf dem Boden verteilen, mit geschnittenen Bananen belegen, Mohnmasse draufgeben. ▸ Dann wieder die geschnittenen Bananen auflegen und danach die Masse, bis Sie die Mohnmasse verarbeitet haben. ▸ Den Kuchen zwei bis drei Stunden kühlstellen.

Die Creme, die Sie durch das Pressen des Mohns gewinnen, ist auch für ein Salatdressing denkbar.

Mohn-Karotten-Kuchen Josef
für ca. 8–12 Personen

Zutaten:

200 g Walnüsse
500 g Feigen
200 g Rosinen
700 g Mohn
800 g Karotten
2 TL Zimt
½ TL Nelkenpulver
Flohsamenschalen
Zedernnüsse zur Dekoration

Zubereitung:

▸ Walnüsse und Mohn über Nacht einweichen. ▸ Am nächsten Tag das Wasser vor der weiteren Verarbeitung entfernen. ▸ Vorerst den Mohn durch die Mohnmühle pressen und zur Seite stellen. ▸ Die Walnüsse und 200 g Feigen durch eine Faschiermaschine drehen oder im Mixer zerkleinern. ▸ Die Masse gut verkneten und so lange mit Flohsamenschalen vermengen, bis sie griffig ist. ▸ Den Boden daraus formen. ▸ Die Kuchenform vorher mit einem Esslöffel Flohsamenschalen bestreuen, damit der Boden nicht anklebt.
▸ Nun die restlichen Feigen faschieren. Diese Masse mit dem Mohn vermischen. ▸ Die Rosinen, die geriebenen Karotten, den Zimt und das Nelkenpulver dazugeben und durchmischen. ▸ Die Masse auf den Kuchenboden füllen und mit Zedernnüssen dekorieren. ▸ Zwei bis drei Stunden in den Kühlschrank stellen, damit der Kuchen fest wird.

Buchweizen-Karotten-Torte Bruno
für 8–12 Personen

Zutaten:

Boden:
80 g Mandeln
200 g Feigen (einweichen)
2 EL Carobpulver
1 TL Zimt
2 EL Flohsamenschalen

Füllung:
120 g Mandeln
300 g Feigen
350 g geschälte und geriebene Karotten
1 Glas Buchweizenkeimlinge

Zubereitung:

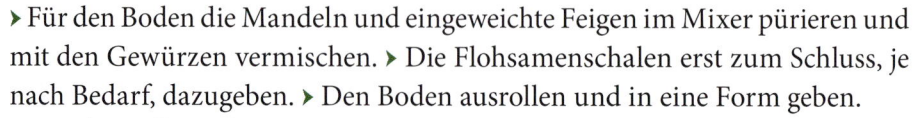

▸ Für den Boden die Mandeln und eingeweichte Feigen im Mixer pürieren und mit den Gewürzen vermischen. ▸ Die Flohsamenschalen erst zum Schluss, je nach Bedarf, dazugeben. ▸ Den Boden ausrollen und in eine Form geben. ▸ Für die Füllung die Mandeln und Feigen pürieren. ▸ Wenn die Feigen hart sind, diese ca. eine Stunde vor der Verarbeitung einweichen. ▸ Keimlinge, Karotten und die Mandel-Feigen-Masse vermischen. ▸ Auf den Boden füllen und für ein bis zwei Stunden kühlstellen.

Kokos-Banane-Heidelbeertorte Benno
für 8–12 Personen

Zutaten:

Dattel-Feigen-Masse:
300 g Feigen (einweichen)
200 g Datteln (einweichen)

Beides ohne Einweichwasser in den Mixbecher geben und zu einem Teig vermixen.

Boden:
100 g frische Kokosflocken
100 g Dattel-Feigen-Masse
2 EL Carobpulver
Flohsamenschalen

Zubereitung:

▸ Die Kokosflocken mit der Dattel-Feigen-Masse, dem Carobpulver und den Flohsamenschalen vermischen, bis der Boden nicht mehr klebt. ▸ Dann den Boden ausrollen und in die Kuchenform geben.

Füllung 1:
1 kg Bananen
300 g Kokosflocken
100 g Feigen-Dattel-Masse
1 EL Flohsamenschalen

▸ Bananen mit der Gabel zerdrücken, Kokosflocken und Feigen-Dattel-Masse beimischen. ▸ Am Schluss die Flohsamenschalen unterrühren.

Füllung 2:

230 g Feldsalat
300 g Feigen-Dattel-Masse
2 TL Lebkuchengewürz
1 Prise Steviablätter
500 g Heidelbeeren
7 EL Carobpulver
1 EL Flohsamen-Schalen

▸ Alle Zutaten im Mixer pürieren. ▸ Wenn die Masse sämig ist, die Heidelbeeren dazumixen.

Glasur:

80 g Kakaobutter
50 g Carobpulver
1 EL Baobabpulver
100 g Kokosflocken

Zubereitung:

▸ Kakaobutter im Wasserbad schmelzen, Carobpulver und Baobabpulver unterrühren. ▸ Auf den Boden die verschiedenen Füllungen schichtweise und abwechselnd auftragen. ▸ Am Schluss zwei Drittel der Kokosflocken auf die Kuchenmasse streuen und die geschmolzene Kakaobuttermasse auf den Kuchen gießen. ▸ Die restlichen Kokosflocken dekorativ auf die Mitte streuen.

Rohkostkugeln Berta

Zutaten:

100 g Haselnüsse (eingeweicht)
200 g Heidelbeeren
100 g Feigen und Datteln
1 TL Zimt
Lucumapulver

Zubereitung:

▸ Haselnüsse, Feigen, Datteln und Heidelbeeren faschieren oder im Mixer zerkleinern. ▸ Die Masse verkneten und mit Zimt würzen. ▸ Kleine Kugeln formen und in Lucumapulver wälzen.

Je mehr Datteln, desto süßer werden die Kugeln. Für Rohköstler, die nicht gerne süß essen, empfehlen wir einen höheren Feigenanteil.

Energiekugeln Joseppe

Zutaten:

Dattel-Feigen-Masse:
300 g Feigen
200 g Datteln

Zubereitung:

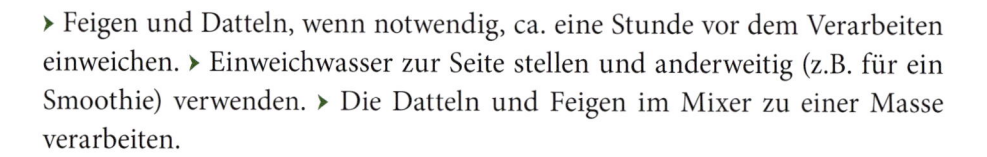

▸ Feigen und Datteln, wenn notwendig, ca. eine Stunde vor dem Verarbeiten einweichen. ▸ Einweichwasser zur Seite stellen und anderweitig (z.B. für ein Smoothie) verwenden. ▸ Die Datteln und Feigen im Mixer zu einer Masse verarbeiten.

Masse 1:
250 g Erdmandelpulver
4 EL Carobpulver
3 EL Kokosflocken

▸ Mit einem Drittel der Dattel-Feigen-Masse vermischen. ▸ Aus diesem Teig kleine Kugeln rollen.

Masse 2:
250 g Carob
80 g Mandeln, gerieben
2 TL Zimt

▸ Ein weiteres Drittel der Dattel-Feigen-Masse mit dem Carobpulver, den geriebenen Mandeln und dem Zimt vermischen. ▸ Kleine Kugeln formen.

Masse 3:
4 EL Carob
100 g Mandeln, gerieben

▸ Den Rest der Dattel-Feigen-Masse mit Carob und Mandeln vermischen.
▸ Kugeln formen. ▸ Die unterschiedlich schmeckenden Kugeln werden jetzt in verschiedenen Pulvern gewälzt, zum Beispiel in Zimt, Flohsamenschalen, geriebenen Mandeln, Baobab- oder Lucumapulver.

Mandelkugeln Vanessa

Zutaten:

200 g Mandeln (eingeweicht)
200 g weiche Feigen oder Datteln

Zubereitung:

▸ Mandeln und Feigen faschieren oder im Mixer zerkleinern. ▸ Kleine Kugeln formen. ▸ Nun entweder in Lucuma- oder in Carobpulver wälzen. ▸ Schmackhaft und schnell gemacht. ▸ Wenn Sie es süßer brauchen, nehmen Sie statt der Feigen Datteln.

Weihnachtslebkuchen Julia

Zutaten:

Teig:
450 g Erdmandeln
220 g Datteln (eingeweicht)
220 g Feigen (eingeweicht)
3 TL Lebkuchengewürz
Carobpulver nach Bedarf

Glasur:
150 g Kakaobutter
8 EL Carobpulver
1 Prise Steviablattpulver

Zubereitung:

▸ Die Erdmandeln im Mixer zu Pulver mahlen. ▸ Wenn man selbst Erdmandelpulver herstellt, nicht mehr als 250 g Erdmandeln bei einem Mixdurchgang in den Mixbecher geben, damit feines Pulver entsteht. ▸ Erdmandelpulver gibt es auch fertig zu kaufen.

▸ Den Mixbecher leeren, das Pulver zur Seite stellen. ▸ Nun Datteln und Feigen mixen. ▸ Das Einweichwasser kann für ein Smoothie verwendet werden. ▸ Die Dauer der Einweichzeit richtet sich nach der Härte der Datteln und Feigen, sollte aber nicht zu lange sein, da dies Süße nimmt.
▸ Die Dattel-Feigen-Masse mit dem Erdmandelpulver vermischen. ▸ So viel Carob zugeben, bis die Masse nicht mehr klebt.
▸ Den Teig auf Flohsamenschalen oder zwischen Backpapier ausrollen und Kekse ausstechen.

▸ Kakaobutter im Wasserbad bei 40 Grad schmelzen. ▸ In die flüssige Kakaobutter Carobpulver und Steviablattpulver einrühren. ▸ Wer einen zitronigen Geschmack erzielen möchte, rührt einen Esslöffel Baobab in die Kakaobutter. ▸ Mit dieser Masse die Kekse glasieren und an einem kühlen Ort trocknen lassen.

Zirbenschokolade Clemens

Zutaten:

70 g Zirbennüsse
250 g Carobpulver
3 TL Zimt
250 g Kakaobutter
1 TL Steviablattpulver
1 TL Pfefferminzblattpulver
150 g weiche Datteln

Zubereitung:

▸ Kakaobutter im Wasserbad schonend schmelzen. ▸ Carobpulver, Steviapulver und Pfefferminzpulver zur geschmolzenen Kakaobutter mischen und weiter warmstellen.
▸ Die Zirbennüsse im Mörser zerkleinern (wird cremeförmig). ▸ Datteln mit der Gabel zerdrücken und Nüsse und Datteln in die Kakaobuttermasse einrühren. ▸ Nun schnell in Formen füllen, da die Masse schnell aushärtet.

Weiße Schokolade Paul

Zutaten:

250 g Walnüsse, eingeweicht
250 g Datteln
1 TL Zimt
1 TL Baobab
250 g Kakaobutter

Zubereitung:

▸ Walnüsse 24 Stunden einweichen und mit den Datteln vermixen. ▸ Die Gewürze zu der Masse mischen. ▸ Kakaobutter im Wasserbad schonend schmelzen, die Nuss-Dattel-Mischung unterrühren und in Formen füllen. ▸ Kühl stellen.

Pfefferminzschokolade Eleonore mit Carob

Zutaten:

250 g Kakaobutter
300 g Carobpulver
2 TL Pfefferminze
2 TL Stevia

Zubereitung:

▸ Das Carob wird von uns mit dem Mixer mit der Pfefferminze und dem Stevia frisch pulverisiert. ▸ Wer fertiges Carobpulver verwendet, sollte Pfefferminz- und Steviablätter im Mörser fein zerreiben.
▸ Die Kakaobutter wird im Wasserbad schonend erwärmt, bis sie flüssig ist.
▸ Nun wird die Carobpulvermischung unter die Kakaobutter gerührt. ▸ Die Masse in Pralinenformen abfüllen und aushärten lassen.

Rohkostschokolade Johann

Zutaten:

Haselnussmus von 500 g eingeweichten Haselnüssen
200 g Datteln (Mozafati)
1 TL Pfefferminzblattpulver
1 TL Steviablattpulver
1 EL Lucumapulver
40 g grob geriebene Walnüsse
250 g Kakaobutter

Zubereitung:

▸ Die eingeweichten Haselnüsse zu Mus verarbeiten. ▸ Dann die Datteln in den Mixer geben. ▸ Pfefferminze und Stevia im Mörser zu feinem Pulver zerreiben. ▸ In das Haselnuss-Dattel-Mus mischen. ▸ Lucumapulver dazufügen. ▸ Nun die Walnusskerne grob mörsern und in die Masse geben. ▸ Die geschmolzene Kakaobutter unterrühren und in Formen füllen. ▸ Die Formen kaltstellen.

Rohkostschokolade Janette

Zutaten:

500 g Haselnüsse
250 g Feigen
100 g Datteln
750 g Heidelbeeren
500 g Kakaobutter
500 g Carobpulver
2 TL Minzeblattpulver
2 TL Steviablattpulver

Zubereitung:

▸ Vorarbeit: getrocknete Steviablätter und getrocknete Minzeblätter mit dem Carob im Mixer pulverisieren. ▸ Wenn fertiges Carobpulver verwendet wird, die Minze- und Steviablätter im Mörser zu Pulver verarbeiten.
▸ Haselnüsse 24 Stunden vor dem Verarbeiten einweichen. ▸ Feigen und Datteln bis zu zwei Stunden vorher einweichen (nicht zu lange, damit sie die Süße nicht verlieren).
▸ Vor Arbeitsbeginn die Kakaobutter in einem Wasserbad schonend verflüssigen. ▸ Carobpulver und pulverisierte Stevia und Minze in die flüssige Kakaobutter mischen und warm und flüssig halten.
▸ Die Haselnüsse, Datteln und Feigen entweder faschieren oder grob mixen. ▸ Auch die Heidelbeeren mixen und mit der groben Masse vermischen. ▸ Jetzt die flüssige Kakaobutter mit Carob und Würze daruntermischen. ▸ Zügig in Formen füllen, da die Masse schnell aushärtet.

Rohkostschokolade Anastasia

Zutaten:

160 g Datteln (Mozafati)
100 g Zirbennüsse
250 g gemahlener Carob
250 g Kakaobutter
1 EL Steviablattpulver
1 EL Minzblattpulver
1 EL Zimt

Zubereitung:

▸ Kakaobutter schonend schmelzen. ▸ Steviablätter und Minzblätter mörsern und mit dem gemahlenen Carob und dem Zimt in die geschmolzene Kakaobutter geben. ▸ Entkernte Datteln mit den Zirbennüssen vermischen und mit einer Gabel zerdrücken. ▸ Diese Masse unter die Kakaobutter heben und schnell abfüllen, da die Masse aushärtet.

Schnelle Rohkostschokolade Hanna

Zutaten:

250 g Kakaobutter
250 g Carobpulver
½ TL Steviablattpulver
1 TL Zimt, Ceylon

Zubereitung:

▸ Kakaobutter im Wasserbad schmelzen, Carobpulver und Gewürze einrühren und in Pralinenformen einfüllen. ▸ Kaltstellen. ▸ Erinnert an Bitterschokolade. ▸ Carob kann mit Lucumapulver gemischt werden. ▸ Lucuma hat einen feinen, vanilleähnlichen Geschmack.

Carob-Trinkschokolade
für 4 Personen

Zutaten:

1,5 l Wasser
2 bis 3 Carobstangen, zerkleinert, ohne Kerne (im Mixer) = 3 EL Carobpulver
4 bis 12 Datteln (je nach Süße)
5 bis 8 Cashewnüsse
1 Prise Steviablätterpulver
1 Prise Zimtpulver

Zubereitung:

▸ Alle Zutaten in den Mixer geben. ▸ Nun ca. 3 Minuten mixen und mit dem Stampfer arbeiten, zwischendurch die Temperatur mesen. Weitermixen, bis die gewünschte Trinktemperatur (42 Grad) erreicht ist. ▸ Das Ergebnis ist ein warmes Getränk, das ein wenig an Trinkschokolade erinnert.

Rohkosteis

Ein Rohkosteis enthält weder Industriezucker, Fett, Nüsse noch Öl und auch keine Eier. Stattdessen ist Salat enthalten. So eine Mischung mag auf den ersten Blick fremdartig anmuten – aber sie ist köstlich! Die Eismischungen wurden bereits auf vielen Veranstaltungen verkostet und immer begeistert aufgenommen. Endlich ein Eis mit wenig Kalorien und viel Genuss, das auch für Milcheiweiß- und Nussallergiker geeignet ist. *Die Mengenangaben für Rohkosteis sind für 2–4 Personen angelegt.*

Himbeereis

Zutaten:

100 g Feldsalat
5 Datteln
1 Banane
Zimt
Stevia
2 Schnapsgläschen Wasser
400 g Himbeeren, tiefgefroren
2 TL Baobab

Zubereitung:

▸ Feldsalat mit dem Wasser mixen. ▸ Datteln, Banane, Zimt und Stevia dazugeben. ▸ Dann die gefrorenen Himbeeren dazumixen und mit zwei EL Baobab würzen. ▸ Entweder sofort essen oder in den Gefrierschrank geben. ▸ Nach ca. einer Stunde können Eiskugeln geformt werden. ▸ Wird die Masse in eine Form gegossen und tiefgefroren, kann man sie auch in Scheiben schneiden.

Johannisbeereis Sonja

Zutaten:

100 g Feldsalat
7 eingeweichte, große Trockenfeigen
1 Banane
1 TL Zimt
1 Prise Stevia
400 g schwarze Johannisbeeren, gefroren
etwas Wasser

Zubereitung:

▸ Alle Zutaten bis auf die Johannisbeeren in den Mixer geben und nur so viel Wasser zugeben, dass es gerade noch eine sämige Masse wird. ▸ Nun die gefrorenen Johannisbeeren hinzufügen.

Eis Soraja

Zutaten:

50 g junge Kokosnuss
120 g Feldsalat
15 kleine Feigen
Lucumapulver
1 Prise Steviablätter
500 g Heidelbeeren
70 ml Wasser

Zubereitung:

▸ Feldsalat und Wasser mit Kokosnuss-Fruchtfleisch, Feigen und den Steviablättern zu einer feinen Creme mixen. ▸ Nun noch Lucumapulver und Heidelbeeren dazugeben, ebenfalls mixen. ▸ Eiskalt servieren!

Himbeereis Günter

Zutaten:

600 g Himbeeren (gefroren)
1 TL Zimt
50 g junge Kokosnuss
150 g Feldsalat
5 Feigen
2 Prisen Stevia
70 ml Wasser

Zubereitung:

▸ Alle Zutaten im Mixer zu Eis vermischen. ▸ Wenn Sie Eiskugeln formen wollen, die Masse für ca. eine halbe bis eine Stunde einfrieren und dann ausstechen. ▸ Dieses Eis schmeckt sehr gut. ▸ Unsere Kinder lieben es.

Himbeereis Leandra-Maria

Zutaten:

130 g Kopfsalat ohne Blattrispen
2 Prisen Stevia
1 gehäufter TL Zimt
550 g Himbeeren, gefroren
65 ml Wasser
5 Feigen

Zubereitung:

› Alles versmoothen und genießen. › Schmeckt hervorragend und bringt gleichzeitig eine gesunde Portion Salat.

Variante:
Wasser, Kopfsalat, Feigen, Stevia und Zimt versmoothen. Wenn diese Masse cremig wird, zwei EL Leinsamen in den laufenden Mixer geben. Durch die Leinsamen wird die Masse fest. Nun erst die Himbeeren dazumixen; man nimmt um etwa 50 g weniger als im Rezept angegeben.

Variation: In das fertige Eis gefrorene Heidelbeeren mischen. Sieht super aus und schmeckt gut.

Johannisbeereis Isolde

Zutaten:

500 g schwarze Johannisbeeren, gefroren
5 Feigen
ca. 70 ml Wasser
1 TL Stevia
1 TL Zimt
130 g Kopfsalat

Zubereitung:

› Alles im Mixer versmoothen.

Heidelbeereis Guiseppe

Zutaten:

170 g Feldsalat
2 Prisen Stevia
½ TL Zimt
5 Feigen
1 EL Lucumapulver
500 g Heidelbeeren, gefroren

Zubereitung:

› Alles im Mixer versmoothen.

Brombeereis Gianni

Zutaten:

200 g Feldsalat
2 Prisen Stevia
4 Feigen
½ TL Zimt
1 EL Leinsamen
500 g Brombeeren, gefroren

Zubereitung:

› Alle Zutaten in einem leistungsstarken Gerät vermixen.

Bananen-Baobab-Eis Diver 1

Zutaten:

bis zu 10 Blätter Kopfsalat (je mehr Salat, desto grüner das Eis)
1 Stamperl Wasser
½ Teelöffel Zimt
1 Messerspitze Steviablattpulver
1 EL Baobab
3–4 tiefgekühlte Bananen

Zubereitung:

▸ Alles zusammen mit dem Stampfer auch höchster Geschwindigkeit fein mixen.

Paul Wollersheim
mit Mixer Diver 1

www.bianco-power.com

Smoothies

Smoothies

Die richtige Mischung macht den Erfolg aus. Wir mischen in unsere Smoothies keine Früchte und kombinieren Wurzelgemüse weder mit Paprika noch mit Tomaten.

Tomaten-Basilikum-Smoothie Cleopatra
für 4 Personen

Zutaten:

1 kg reife Tomaten
3 große Zweige Basilikum (frisch)
Salzsole

Zubereitung:

▸ Tomaten und Basilikum im Mixer versmoothen. ▸ Mit Salzsole würzen. ▸

Geht sehr schnell, schmeckt sehr gut und ist im warmen Sommer ein komplettes Mittagessen.

Mandelmilch Penelope
für 2 Personen

Zutaten:

20 Mandeln (eingeweicht)
4 Datteln
½ l Wasser
2 TL Baobab

Zubereitung:

▸ Wasser mit Mandeln und Datteln sorgfältig mixen. ▸ Erst am Schluss Baobab dazugeben. ▸ Das Smoothie-Getränk kann auch warm getrunken werden.

Wer keinen Puro 4 mit integrierter Temperaturanzeige besitzt, erwärmt das Smoothie in einem Topf auf höchstens 40 Grad – dabei werden keinerlei Inhaltsstoffe zerstört.

Green Smoothie Erasmus
für 3–4 Personen

Zutaten:

1 EL Baobab
7 Datteln
½ TL Chlorellapulver
1 l Wasser

Zubereitung: ▸ Alles miteinander vermixen.

Chlorella versorgt unseren Körper mit wichtigen Nähr- und Vitalstoffen, darunter befinden sich beispielsweise alle acht essenziellen Aminosäuren und Vitamin B12.

Trinkkakao Angelika
für 1 Person

Zutaten:

5 Mandeln
1 TL Kakao, Rohkostqualität
3 Datteln
¼ l Wasser
1 TL Baobab
1 kleiner Zweig frische Pfefferminze

Zubereitung:

▸ Mit Baobab und Pfefferminze schmeckt dieser Kakao erfrischend nach Sommer. ▸ Alles im Mixer zerkleinern.

Mandelkakao Robert
für 1 Person

Zutaten:

5 Mandeln
1 TL Kakaopulver, Rohkostqualität
3 Datteln
¼ l Wasser

Zubereitung:

▸ Wasser mit Mandeln, Datteln und Kakaopulver schaumig mixen.

Das Getränk schmeckt ähnlich wie Kakao.

Salatsmoothie Anneliese
für 3–4 Personen

Zutaten:

7 Datteln
1 EL Baobab
1 Banane
50 g Kopfsalat
1 l Wasser

Zubereitung: ▸ Alles versmoothen.

Wer den Zitronengeschmack weniger liebt, lässt das Baobab weg.

Carob-Trinkschokolade Siegfriede
für 4 Personen

Zutaten:

1 l warmes Wasser
3 EL Carobpulver (= 2 bis 3 Carobstangen, zerkleinert, ohne Kerne)
8 bis 12 Datteln (je nach Süße)
5 Cashewnüsse ODER 1 bis 2 EL Kokosmus, Rohkostqualität
1 Msp. Steviablätter
1 Msp. Zimtpulver
1 TL Baobab

Zubereitung: ▸ Alles vermixen.

Durch die geringe Nussmenge wird die Verdauung nicht überlastet, und der Smoothie liegt nicht so schwer im Magen.

Smoothie Allegra
für 2 Personen

Zutaten:

100 g Feldsalat
4 TL Baobab-Pulver
1 Prise Stevia
2 Gläser Wasser

Zubereitung:

› Alles zusammen in den Mixer geben und versmoothen.

Smoothie Anton
für 2–3 Personen

Zutaten:

100 g Feldsalat
1 Banane
2 Feigen
2 Gläser Wasser
1 TL Zimt
4 TL Baobab-Pulver
1 Prise Stevia

Zubereitung: › Alles versmoothen.

Feldsalat ist reich an Mineralstoffen und Vitaminen, und sein hoher Eisengehalt zeichnet ihn besonders aus. Schlussendlich macht ihn der feine Haselnussgeschmack zu einer Delikatesse.

Smoothie Helene
für 3 Personen

Zutaten:

110 g Kopfsalat
1 Prise Stevia
½ TL Zimt
1 Banane
5 Feigen
2 ½ Tassen Wasser

Zubereitung:

› Alles zusammen in den Mixer geben und versmoothen.

Kopfsalat ist reich an Vitamin A, C, Niacin und enthält Protein.

Smoothie Christine
für 3 Personen

Zutaten:

7 Datteln
1 EL Baobab-Pulver
1 Banane
2 Tassen Wasser

Zubereitung:

› Alles zusammen in den Mixer geben und versmoothen.

Smoothie Walter
für 1 Person

Zutaten:

20 g getrocknete Äpfel
1 Tasse Wasser
1 Msp. Zimt
1 TL Baobabpulver

Zubereitung:

▸ Alles zusammen in den Mixer geben und versmoothen.

Wer einen Mixer mit integrierter Temperaturanzeige besitzt, kann daraus einen warmen Apfelsmoothie machen.

Smoothie Valentin
für 1 Person

Zutaten:

40 g Zwetschken (Pflaumen), getrocknet
1 Tasse Wasser
1 Msp. Spirulina

Zubereitung:

▸ Alles zusammen in den Mixer geben und versmoothen.

Die Mischung ist zwar ungewöhnlich, aber sehr schmackhaft. Das Spirulina ergänzt sich glücklich mit den Pflaumen und sticht nicht heraus.

Glühfeige Severin
für 4 Personen

Zutaten:

4 Feigen
1 Msp. Zimt
1 l Wasser
1 Msp. Stevia
1 EL Baobab

Zubereitung:

› Alles vermixen, bis es warm wird.
› Die Temperatur soll nicht über 41 bis 42 Grad steigen.

Dieser Smoothie ist die Rohkostvariante des Glühweins. Süß und feurig.

Salatsmoothie Bibi
für 4 Personen

Zutaten:

½ Eisbergsalat ohne Strunk
1 TL Zimt
120 g Feigen, getrocknet
400 g Heidelbeeren
½ l Wasser

Zubereitung:

› Eisbergsalat mit Feigen und Heidelbeeren versmoothen. › Zimt beifügen.
› Wenn der Smoothie zu dickflüssig ist, etwas Wasser zufügen.

Smoothies

Eisbergsmoothie Verena
für 4 Personen

Zutaten:

½ Eisbergsalat
½ TL Zimt
1 Banane
5 Feigen
3 TL Baobab
1 Würfel Würzkonfekt Baobab
2–3 Gläser Wasser

Zubereitung:

▸ Alles im Mixer versmoothen.

Brunos Würzkonfekt

Wir verwenden sehr gerne Baobabpulver. Der säuerlich-süße Geschmack verbindet sich mit Salaten oder Carob und verleiht einem Smoothie eine cremige Note. Nach einigen Versuchen gelang es uns, ein Baobab-Würzkonfekt zu entwickeln. Durch das Baobab enthält es Vitamin C und Kalzium und durch die Kakaobutter Fett, das ja bekanntlich als Geschmacksträger dient. Das Baobab-Konfekt ist konzentriert und dient als Geschmacksverstärker für Smoothies. Man mixt es in unterschiedlichste Smoothies.

Zutaten:

100 g Kakaobutter
100 g Baobabpulver

Zubereitung:

▸ Kakaobutter im Wasserbad schmelzen und mit Baobab mischen. ▸ In Formen füllen und kühlstellen. ▸ Wenn die Pralinen nur selten gebraucht werden, im Gefrierschrank lagern, ansonsten im Kühlschrank.

Baobab

Baobab ist die Frucht des Affenbrotbaumes. Sie ist länglich und braun mit einer harten Schale und sieht beinahe wie eine Nuss aus. Das getrocknete Fruchtfleisch enthält viele kleine, herzförmige Samen. Das Fruchtfleisch der ganzen Nuss im Mörser von den Kernen getrennt werden und schmeckt wie saure Drops – nach Meinung der Schwiegermutter wie Brausepulver –, und wir finden den Vergleich treffend. Süß und gleichzeitig säuerlich, jedenfalls angenehm und erfrischend.

Wir erwerben das Baobab über den fairen Handel (info@basobu.de), weil wir die sozialen Strukturen für die Arbeiter vor Ort unterstützen wollen. FAI-Rer Handel sollte in allen Bereichen selbstverständlich sein. FAIR zu handeln hat mit Würde und Respekt zu tun.

In der Rohkostküche verwenden wir Baobabpulver als Bindemittel oder kalten Emulgator. Baobab dickt Flüssigkeiten leicht ein und macht Smoothies cremiger. Beispielsweise wird Beerensaft dadurch zu feinem Gelee.

Baobab enthält wertvolle Inhaltsstoffe, die durch die einfache und schonende Verarbeitung direkt auf unserem Tisch landen. Darunter befinden sich 14 Vitamine mit Vitamin B1, enorm viel Vitamin C und ein hoher Vitamin-B6-Anteil. Vitamin C unterstützt nicht nur unser Immunsystem, sondern hilft unserem Körper, Eisen besser zu verwerten. Baobabpulver enthält auch viel Kalzium und fördert unsere Verdauung durch einen hohen Ballaststoffanteil.

Wildkräuter- und Gräserrezepte

Vogelmieren-Smoothie Anna
für 4–5 Personen

Zutaten:

2 Handvoll Vogelmiere
2 Bananen
7 Datteln oder Feigen
1 l Wasser

Zubereitung: ▸ Alles im Mixer versmoothen.

Die Vogelmiere ist sehr mineralstoffreich und wächst oft reichlich im Garten, sogar noch unter Schnee.

Smoothie Verdauungsfeuer
für 4–5 Personen

Zutaten:

4 Äpfel
etwas Ingwer
Raygras
1 l Wasser

Zubereitung: ▸ Entkernte Äpfel und eine Handvoll Raygras mit Ingwer mixen.

Smoothie Hubert
für 4–5 Personen

Zutaten:

Lindenblätter
2 Bananen
8 Feigen
1 l Wasser

Zubereitung: ▸ Alles zusammen in den Mixer geben und versmoothen.

Lindenblätter sind im Frühling wunderbar weich und sehr gut zu essen. Sie neigen zum Eindicken, wenn sie gemixt werden. Wer dünnflüssigere Smoothies bevorzugt, sollte diese mit Wasser strecken.

Guten-Morgen-Smoothie Bibiane
für 4–6 Personen

Zutaten:

1 Apfel
3 Prisen Zitronenmelisse
Ingwer
100 g junges Ital. Raygras (oder Lindenblätter, Vogelmiere, Salat)
etwas Zimt
1 Prise Steviablätter
1 ¼ l Wasser

Zubereitung:

▸ Apfel entkernen, mit Zitronenmelisse und Raygras versmoothen. ▸ Ingwer, Zimt und Steviablätter nach Geschmack dazugeben.

Süßer Bananensmoothie Tina
für 4–5 Personen

Zutaten:

1 Banane
5 Datteln
2 Handvoll Vogelmiere (oder Ital. Raygras, Lindenblätter, Salat)
1 Prise Zimt
1 Prise Steviablätter
1 l Wasser
(ein wenig Zitronenmelisse dazu, gibt ebenfalls noch ein gutes Aroma!)

Zubereitung: ▸ Alles zusammen in den Mixer geben und versmoothen.

Lindenblätter empfehlen wir nur für den Frühling, dann sind sie zart und wohlschmeckend. Eine Rarität und ein echter Geheimtipp.

Graspesto Teresa
für 4 Personen

Zutaten:

4 bis 5 Tomaten
200 g Italienisches Raygras
Oregano
Salzsole
Sonnenblumenkeimlinge

Zubereitung:

▸ Tomaten im Mixer pürieren, Gras und Gewürze untermischen. ▸ Die Sonnenblumenkeimlinge am Schluss unterheben.

Graspesto Meinhard
für 4 Personen

Zutaten:

4 bis 5 Paprika
200 g Italienisches Raygras
Oregano
1 EL Salzsole
1 kleines Stück Meerrettich [Kren] nach Geschmack
4 bis 6 EL Sonnenblumenkeimlinge

Zubereitung:

▸ Paprika vom Kerngehäuse befreien, im Mixer versmoothen. ▸ Raygras dazumixen und die Gewürze untermischen. ▸ Meerrettich [Kren] nach Gefühl und Geschmack dazugeben. ▸ Die Sonnenblumenkeimlinge zum Schluss untermischen.

Wildkräuter-Erfrischungsmix Lavendel
für 4 Personen

Zutaten:

2 Lavendelblüten
4 Feigen
1 l Wasser

Zubereitung:

▸ Alles fein vermixen.

Wildkräuter-Graspesto Sabine
für 2–4 Personen

Zutaten:

Italienisches Raygras, Westerwoldisch oder anderes mildes Süßgras
etwas Olivenöl
½ Esslöffel Sole
Bärlauchpesto oder Schnittlauch
ein wenig Frühlingszwiebel [Jungzwiebel]
1 Handvoll eingeweichter Walnüsse
Wasser

Zubereitung: ▸ Alle grünen Teile mixen, zum Schluss die Walnüsse hinzufügen.

Graspestos passen zu Salaten, für Normalesser auch zu Nudeln und Reis. Sie sind sehr sättigend.

Carob-Drink Bastian
für 4 Personen

Zutaten:

2 EL Carobpulver
7 Feigen
3 Tassen Wasser
1 TL Zimt
1 EL Baobab
Prise Stevia

Zubereitung: ▸ Alles fein vermixen.

Nüsse und Rohkost

"In allen Dingen ist ein Gift, und es ist nichts ohne ein Gift. Es hängt allein von der Dosis ab, ob ein Gift ein Gift ist, oder nicht."

Paracelsus

Nüsse sind wertvolle Lebensmittel. Nüsse sind wärmend, nahrhaft und sättigend. Paranüsse enthalten beispielsweise sehr viel Selen, Walnüsse wertvolles Vitamin E und Omega-3-Fettsäuren. Spricht also etwas dagegen, sich allein von Nüssen zu ernähren?

Ja. Denn Nüsse enthalten Gifte gegen Fraßfeinde. Die Nüsse schützen sich gegen allzu hungrige Tiere, indem sie Stoffe einlagern, die auch uns Menschen den Appetit nehmen sollen. Wer viele Nüsse isst, wird nach kurzer Zeit Durst spüren, die Zunge ist vielleicht ein bisschen pelzig, und wenn es Walnüsse sind, kommt schnell ein ganz leichter, bitterer Nachgeschmack auf. Wir kennen das alle, und es ist so normal, dass es uns nicht mehr auffällt.

Wir halten diese Stoffe im Übermaß für schädlich und empfehlen deshalb, Nüsse vor dem Verbrauch etwa 24 Stunden einzuweichen. Das Einweichwasser wird dabei notwendigerweise oft mehrmals ausgewechselt. Walnüsse werden von uns meist sogar noch länger eingeweicht, da sich der Geschmack der Nüsse dadurch deutlich verbessert.

Nach dem Einweichen sind die Nüsse viel bekömmlicher und erinnern an Gemüse.

Nüsse mit ihrem hohen Fett- und Eiweißanteil sollten nicht mit süßen Nahrungsmitteln kombiniert werden. Hin und wieder ist alles möglich, aber für die tägliche Ernährung sind solche Mischungen nicht empfehlenswert. Unser Körper kann hoch konzentriertes Fett, Eiweiß und kohlenhydratreiche Speisen in großer Menge in einer Mahlzeit nicht richtig verstoffwechseln.

Zedernnüsse

Die Nüsse der sibirischen Zeder sind bei uns noch recht wenig bekannt. Das ist bedauerlich, denn Zedernnüsse sind ein wunderbares Lebensmittel. Die sibirische Zeder ist ein naher Verwandter der einheimischen Pinie und ihrer Pinienkerne.
Die beste Qualität liefern Nüsse aus Wildsammlung, da weder Genmanipulation, Düngung oder andere Eingriffe des Menschen die Nüsse beeinträchtigen. Die russische Zeder trägt nicht in jedem Jahr Früchte, bietet dafür aber extrem reichhaltige Ernten. Wenn die Nüsschen in den Zapfen bleiben, sind sie auch sehr lange haltbar.

Die Zedernnüsse enthalten mit ca. 90 % einen hohen Anteil an ungesättigten Fettsäuren. Die restlichen Inhaltsstoffe sind Eiweiß, Eisen, Magnesium, Mangan, Kupfer, Zink, Kobalt und Vitamine. Dabei sind vor allem die Vitamine E und B erwähnenswert. Der hohe Anteil an Vitamin E schützt die Nüsse vor dem Verderb und verlängert die Haltbarkeit.

Ein hoher Lecithin-Anteil macht die Zedernnüsse zum Soja des Nordens. Das Lecithin gehört zur Gruppe der Fette und verbessert die Aufnahme von fettlöslichen Vitaminen und Fettsäuren.

Zedernnüsse unterstützen uns Menschen in Situationen, in denen wir besonders viel Energie brauchen, wie in der Schwangerschaft oder der Rekonvaleszenz. Für Kinder und Jugendliche können wir sie ebenfalls empfehlen. Und natürlich für alle anderen, denen diese Nüsse schmecken, denn im Salat sind sie umwerfend gut. Für Rohköstler, die immer das Gefühl haben, nicht satt zu werden, nicht geerdet zu sein, denen leicht kalt wird, die zum Untergewicht neigen – mit Zedernnüssen fühlen sie sich besser.

Gräser

Essen mit Gräsern und Wildkräutern

Gräser in der menschlichen Ernährung

Wir haben erst einen Bruchteil davon verstanden, was Gräser für die Zukunft des Menschen bedeuten könnten.

Dr. Charles Schnabel

Seit vielen Jahren ist bekannt und wissenschaftlich abgesichert, dass wir Gras essen können. Denken Sie nur an das berühmte Weizengras, das viele positive Auswirkungen auf die Gesundheit hat. Im Internet kursieren interessante Videos, die zeigen, wie Weizengras auf dem Fensterbrett gezogen und schließlich mittels einer Presse entsaftet wird.

Es ist aber auch unbestreitbar, dass das Essen von Gras vorerst einmal ein befremdlicher Gedanke sein mag, aber der gesundheitliche Nutzen, den wir daraus ziehen, sollte eventuelle Zweifel überwinden.

Über Gräser und ihre Inhaltsstoffe existieren wissenschaftliche Untersuchungen, die der Öffentlichkeit nicht alle zugänglich sind. Was offiziell gut dokumentiert ist, sind die Inhaltsstoffe der Getreidegräser. Zu diesen Gräsern gehören beispielsweise Weizengras, Kamutgras, Hafergras oder Gerstengras.

Was allen Gräsern gemeinsam ist, ist das Fehlen von giftigen Substanzen. Gräser enthalten keine Alkaloide, keine Gerbstoffe und keine Senföle, die sich beim Essen störend auswirken könnten. Einige Gräser können Cumarin enthalten, das in hohen Mengen genossen Kopfschmerzen verursachen kann. Diesem Problem geht man aus dem Weg, indem nur junge Gräser genommen werden und man bei Mariengras (Ruchgras) vorsichtig ist.

Getreidegräser enthalten Enzyme, Kalzium, Zellulose, Zink, Silizium, Vitamin B12 und Eiweiß und wirken basisch. Die Menge der Inhaltsstoffe ist abhängig vom Alter der Pflanze. Für uns Menschen ist es sicher am vorteilhaftesten, möglichst junges Gras zu essen, am besten in einer Höhe von zehn bis 20 Zentimetern. Gräser sind Chlorophyll-Lieferanten. Chlorophyll ist für unseren Körper äußerst wichtig. Chlorophyll hemmt das Wachstum von Bakterien und Pilzen, deaktiviert krebserregende Stoffe, wirkt blutbildend und beeinflusst erhöhten Blutdruck günstig. Das ist auch der Grund, warum wir bei Vitalkost nach Weihsbrodt auf einen sehr hohen Salatanteil in der Ernährung achten. Ein zu hoher Obstanteil und der damit einhergehende zu hohe Fruchtzuckerkonsum wirken sich negativ aus. Chlorophyll ist unverzichtbar für eine gesunde Ernährung.

Bekannt geworden sind bis jetzt vorwiegend Getreidegräser, die unbestritten wahre Energiebündel sind. Getreidegräser gehören in die große Familie der Süßgräser, von denen weltweit ca. 10.000 Arten existieren. In Europa sind es nur etwa 250 Arten. In der Praxis haben wir gemerkt, dass wir vom frisch gepressten Weizengrassaft nur eine ganz kleine Menge trinken können.

Wir experimentieren mit Gräsern bereits seit einigen Jahren und testen deren Ernährungspotenzial.

Zu den Gräsern, die wir gerne essen, gehören:
- Italienisches Raygras, es ist sehr mild und süß, große Mengen sind essbar
- Westerwoldisch Raygras, es war das feinste und beste Gras im Jahr 2013
- Englisches Raygras, es ist mild, süß und ebenfalls in großen Mengen essbar

Kamutgras, Roggengras, Dinkelgras und Weizengras sind würzig im Geschmack und nur in kleinen Mengen verträglich. Der Körper wehrt sich instinktiv gegen größere Mengen, was unsere Meinung bestätigte, dass die Raygräser als Nahrungsgrundlage besser nutzbar sind. Hühnerhirse und Knäuelgras sind in Kombination mit Raygräsern essbar.

Warum ist es für uns Menschen vorteilhaft, Grassaft zu trinken?

Das Chlorophyll ist im Saft als Flüssigkeit kolloidal gelöst und wird darum vom Körper extrem schnell aufgenommen. Da Chlorophyll fast identisch mit unseren roten Blutkörperchen ist, muss unser Körper nur das Magnesiumatom gegen ein Eisenatom austauschen. So haben wir viel Magnesium und jede Menge roter Blutkörperchen.

„Getreidegras ist ein Nektar der Erneuerung, das Plasma der Jugendlichkeit, das Blut allen Lebens."

Viktoras Kulvinskas (engster Mitarbeiter von Ann Wigmore, Mitbegründer des Hippokrates Instituts)

Gras enthält Kalzium und Magnesium. Beide Mineralstoffe sind wichtig für unsere Knochen, Muskeln und Zähne. Gras kann im Eigenanbau frisch geerntet werden. Wer einen gesunden Boden für den Anbau zur Verfügung stellt, bekommt gesunde Pflanzen mit ausgewogenen Inhaltsstoffen.

Der häufige Konsum von Grassaft bewirkt besseren Atem, gesünderes Zahnfleisch und sensiblere Geschmacksknospen. Grassaft ersetzt ungesundes Essen. Lust auf Schokolade? Dann greifen Sie zu Grassaft!

Wir haben mit Gras in unserer täglichen Ernährung die besten Erfahrungen gemacht. Bis zum Herbst verwenden wir täglich verschiedenste Gräser und Wildkräuter. Gesundheitlich geht es uns gut. Wir sind überzeugt, dass Gras ein immenses Potenzial hat. Für uns ist es auch wohlschmeckend. Und in die richtigen Smoothies und Pestos verarbeitet, fällt ein gewisser Grasanteil gar nicht auf, weder in der Farbe noch im Geschmack.

Haferwurzel

Sehr wohlschmeckend ist der grüne Anteil der Haferwurzel. Diese Pflanze gehört nicht zu den Süßgräsern, sondern zu den Bocksbartgewächsen, wie zum Beispiel auch der Wiesenbocksbart.

Die Haferwurzel ist eine der alten und vergessenen Gemüsesorten. Zu Unrecht, wie wir glauben, denn die süßlich schmeckende Wurzel wurde schon in der Antike genutzt und auch in unseren Breiten überall angebaut. Sie ist eine wunderbare Pflanze. Anspruchslos und widerstandsfähig blüht sie lila, ihre Blüte ähnelt einem Stern. Die Blüten sind sehr groß und nur am Morgen richtig offen, bis zum Nachmittag schließen sie sich. Jedes Mal, wenn wir im Garten an der Pflanze vorbeigehen, sind die Blüten ein bisschen kleiner. Wir haben oft den Eindruck, mit ein bisschen Geduld könnten wir ihrem Leben zusehen. Wolf-Dieter Storl beschreibt eine andere Eigenart der Haferwurzel: Ihre Blüten wenden sich immer dem Licht zu. So versinnbildlicht diese Pflanze für viele Menschen die Sehnsucht nach geistiger Weiterentwicklung.

Die Haferwurzel ist in allen ihren Teilen essbar. Das heißt: die Wurzel, das Grün und die Blüte. Die Wurzel wird für Suppen oder Gemüsebeilagen verwendet. Sie ist nahrhaft und leberpflegend. Die Wurzel kann aber nicht nur gekocht, sondern auch roh verwendet werden. Der frische Saft soll sich positiv auf die inneren Organe auswirken. Sie ähnelt der Schwarzwurzel, ist aber vom Geschmack her süßer.

Aber nun zum frischen Grün. Wer die Pflanze im Garten hat, kann das Grün mit einer Schere schneiden und entsaften oder in einem Smoothie verarbeiten. Klein geschnitten kann man sich auch einen guten Salat damit zubereiten. Er schmeckt sehr angenehm. Das Haferwurzelgrün sperrt nicht. Das heißt, man kann viel davon essen oder trinken. Trotz des Rückschnitts wächst die Haferwurzel unverdrossen wieder nach.

Nicht nur die Blätter, auch die Knospen eignen sich für Salate.

Wildkräuter

Für Smoothies und für die Rohkost-Wildkräuter-Küche empfehlen wir Weißdornblätter, Lindenblätter, Malvenblätter und Brennnesseln.

Wer sich der Kräfte der Wildpflanzen bedienen will, ist mit diesen Pflanzen gut beraten. Sie sind schmackhaft, treiben teilweise nach einem Rückschnitt wieder neu durch und können in großen Mengen gegessen werden. Eine Ausnahme bildet nur die Brennnessel, die sowohl in Kombination als auch im Mengenverhältnis mit etwas Fingerspitzengefühl behandelt werden muss.

Gesundheitsfördernde Wirkung von Pflanzenstoffen:

Für uns Menschen wirken frische Farben in unserem Essen appetitanregend. Dazu gehören die Blattgrünfarbstoffe (Chlorophylle), die Carotinoide, die Beerenfarbstoffe (Anthocyane), die Beten-Farbstoffe (Betanin) und Farbstoffe von Gewürzen wie Paprika, Safran oder Gelbwurzel (Curcumin). Diese Pflanzenstoffe haben positive Auswirkungen auf unsere körperliche und seelische Gesundheit.

Chlorophylle – Sonnenenergie in unserem Körper

Chlorophylle sind eine Klasse natürlicher Farbstoffe, die nur von Organismen gebildet werden, die Fotosynthese betreiben: Wir sprechen damit vom Blattgrün. Natürlich sind die Chlorophyll-Werte in jenen Lebensmitteln am höchsten, die das tiefste Grün aufweisen. Dazu gehören Spinat, Broccoli, Brennnessel, Petersilie, grüne Erbsen, Salat und grüne Bohnen (die sich aber nicht für eine Rohkosternährung eignen).

Das Chlorophyll der Pflanze hat die Aufgabe, Licht zu absorbieren und die absorbierte Energie weiterzuleiten. Der Rückkehrschluss lautet: Viel Grünes bringt gespeicherte Sonnenenergie in unseren Körper.

Chlorophyll und Hämoglobin

Der Chemiker Hans Fischer erhielt 1930 den Nobelpreis, weil er die Ähnlichkeit von Chlorophyll und des menschlichen Blutfarbstoffs Hämoglobin entdeckt hatte. Beide unterscheiden sich in ihrem Aufbau lediglich durch ein einziges Atom. Dieses sitzt jeweils im Zentrum und ist beim menschlichen Hämoglobin ein Eisenatom, das für die menschliche Atmung notwendig ist. Beim Chlorophyll sitzt im Zentrum ein Magnesiumatom. Durch diesen Unterschied kann die Pflanze unsere ausgeatmete Luft wieder mit Sauerstoff anreichern. Bereits diese Ähnlichkeit im Aufbau ist ein Hinweis darauf, wie wichtig grüne Nahrungsmittel und die Zufuhr von genug Chlorophyll für unseren Körper sind.

Positive Auswirkungen von Chlorophyll

Dr. Frank Jester, Zahnarzt mit Praxis in Hamburg, der von den positiven Auswirkungen von Chlorophyll auf den menschlichen Körper überzeugt ist, hebt die schützende Wirkung von Chlorophyll auf die Zellwände hervor. Dr. Jester beobachtete, dass mehrere Patienten, die mit flüssigem Chlorophyll regelmäßig den Mund spülten, eine Verminderung ihres Zahnfleischblutens erzielten. Auch hält er es für vorteilhaft, eine Zahnpasta mit Chlorophyll-Zusatz zu verwenden. In diesem Zusammenhang wird wieder klar ersichtlich, wie wichtig und günstig es für uns ist, grünes Gemüse und frische Salate zu essen. Chlorophyll-Dragees als Mittel gegen Körper- und Mundgeruch sind in der Apotheke erhältlich.

Beerenfarbstoffe – Zellenschutz

Die Beerenfarbstoffe, auch Anthocyane genannt, sind wasserlösliche Pflanzenstoffe und sogenannte Bioflavonoide. Sie kommen vermehrt in Beeren mit den Kennfarben Blau, Violett, Rot und Blauschwarz vor. Sie schützen die Pflanze vor zu hoher UV-Strahlung, binden freie Radikale und helfen dabei, Insekten und andere Tiere anzulocken, um die Fortpflanzung zu sichern. Der Beerenfarbstoff hängt mit seiner Färbung vom pH-Wert der Nahrung ab. Solange der pH-Wert sauer ist, die Frucht also unreif und nicht genießbar, bleibt die Farbe rot. Erst wenn der Basenwert überwiegt, bekommt die Beere die satte, blau-violette Farbe und signalisiert uns, dass dieses Lebensmittel nun essbar ist. Dieser Beerenfarbstoff ist ein kraftvoller Antioxidant und schützt unsere Zellen vor Alterung und Entartung. Zu finden sind Anthocyane in vielen Beeren: Acai-Beeren, Aronia, Brombeeren, Heidelbeeren, Himbeeren, schwarzen Johannisbeeren, Trauben, Kirschen, aber auch in roten Zwiebeln und Rotkohl.

Curcumin

Die gelbe Farbe in unserem Essen wird nicht nur von gelbem Paprika und gelben (reifen!) Tomaten abgedeckt, sondern auch von einem Stoff, der Curcumin heißt. Dieser Stoff ist in Paprika oder auch in Safran enthalten, der höchste Gehalt ist jedoch in der Gelbwurz, die auch gelber Ingwer oder Kurkuma genannt wird, zu finden. Bei uns ist diese Pflanze fast unbekannt, nur wenige Köche verwenden das reine Curcumin-Pulver zum Färben ihrer Speisen. Im Curry ist Kurkuma als fixer Bestandteil enthalten. Curry ist ja kein selbstständiges Gewürz, sondern immer eine Gewürzmischung. In den asiatischen Ländern gibt es viele verschiedene Mischungen, man sagt sogar, dass viele Familien ihre eigene Currymischung haben, deren genaue Zutaten als Familiengeheimnis betrachtet werden. Die Gelbwurz gehört zu den reinigenden und energiespendenden Gewürzen.

Positive Auswirkungen des Curcumins:
Auf die gesundheitlichen Wirkungen des Curcumins werden wahre Loblieder gesungen. Versuche belegen die entzündungshemmende Wirkung bei Patienten mit Kniearthose. Eine krebshemmende Wirkung wurde gleich in

mehreren Versuchen festgestellt. Ganz erstaunliche Erfolge erzielte das Curcumin im Zurückdrängen von Darmpolypen, was wiederum vorbeugend bei Darmkrebs wirkt. Curcumin hat positive Auswirkungen auf unseren Körper, darf aber nicht hoch dosiert verwendet werden, sonst verkehrt sich die Wirkung ins Gegenteil.

Carotin

Ein Pflanzenstoff, der von Kindesbeinen an bekannt ist, ist das Carotin. Es gibt viele Varianten von Carotinoiden, und die Wissenschaft ist sich einig, dass diese Stoffgruppe eine zellschützende Wirkung im menschlichen Körper hat. Carotine kommen nicht nur in Karotten, sondern auch in vielen bunten Gemüsesorten vor. Dazu zählen Tomaten, Aprikosen, Papaya, Kürbis und Mais.

Betanin

Der Farbstoff Betanin ist jener der Roten Rübe (Rote Bete). Das Betanin gehört zu den sogenannten Polyphenolen. Diese stärken unser Immunsystem, schützen uns vor freien Radikalen und wirken sich positiv auf die Blutgerinnung aus.

Wir sehen also, welche erstaunlichen Fähigkeiten in buntem Obst und Gemüse stecken. Sie stärken unser Immunsystem, beeinflussen unsere Verdauung positiv und schützen uns vor freien Radikalen.

Öle und mehr

Hochwertige Öle

Wer gerne Salat isst, benötigt ein gutes Öl. Es muss nicht viel sein, dafür aber qualitativ hochwertig und kalt gepresst. Denn besonders das kalt gepresste Pflanzenöl enthält viele Vitamine, Mineralstoffe und essenzielle Fettsäuren. Hochwertiges Öl wird bei niedrigen Temperaturen gepresst, kühl und dunkel gelagert und möglichst schnell verbraucht.

Die Haltbarkeit ist von der Ölsorte und dem Gehalt an Omega-3-Fettsäuren abhängig. Wichtig ist, dass der Weg vom Erzeuger zum Verbraucher so kurz wie möglich ist.

Wir bestellen bei Bruno Zimmer, einem Familienunternehmen mit Sitz im Naturpark Saar-Hunsrück. Diese Firma hat sich der Qualität verschrieben und presst empfindliche Öle mit größter Sorgfalt.

Das Leinöl, das wir besonders lieben, bekommen wir mit Ausfüllstutzen, damit so wenig Sauerstoff wie möglich mit dem Öl in Kontakt kommt und die Omega-3-Fettsäuren nicht oxidieren.

Jeder Mensch kann sein Öle selber mit Kräutern aromatisieren. Viele dazu geeignete Pflanzen fördern die Fettverdauung oder können mit ihrem intensiven Eigengeschmack dem Öl eine besondere Geschmacksnote verleihen.

Sehr beliebt dafür ist der Salbei. Man gibt einige zarte Äste in das Öl und lässt sie darin eine Woche ziehen. Am besten geht das auf dem Fensterbrett, damit die Sonne mithelfen kann. Sie sollten für diese Aromatisierungen neutrales, stabiles und lange haltbares Öl verwenden, also kein Haselnussöl oder Leinöl. Besser geeignet ist dagegen Olivenöl.

Weitere Pflanzen für Kräuteröle sind Kapuzinerkresse, Knoblauch oder Ingwer. Allerdings sind der Experimentierfreude keine Grenzen gesetzt.

Warum kein Essig?

Essig gehört für viele Menschen zur täglichen Ernährung. In vielen Büchern und Artikeln wird über die gesundheitsfördernde Wirkung von Essig geschrieben. Essig gibt es schon seit undenklichen Zeiten. Die Römer haben Essig in kleinen Mengen in ihr Trinkwasser gemischt, damit das Wasser keimarm und ungefährlich wurde. Louis Pasteur hat die Essigbakterien das erste Mal benannt und damit wissenschaftlich erklärt, warum aus einem offen stehenden Wein Weinessig wird.

Essig wird zum Konservieren von Lebensmitteln verwendet, man denke nur an Essiggurken oder anderes eingelegtes Gemüse. Auch hat der Essig den Ruf, dass er mit reichlich Wasser verdünnt getrunken unser überflüssiges Fett zum Schmelzen bringt. Das können wir nicht bestätigen. Wir sehen im Essig ein reines Konservierungsmittel und verwenden es in unserer Rohkostküche nicht.

Die richtige Mischung macht's!

Dass unser Essen verschiedene Bestandteile enthält, die miteinander nicht gemischt werden sollen, wissen wir alle mehr oder weniger bewusst. Die Trennkost ist so populär und hat so viele zufriedene Anhänger, dass Zweifel erst gar nicht aufkommen. Die Praxis überzeugt.

Auch Rohkost nach Weihsbrodt arbeitet nach dem Prinzip der richtigen Kombination. Durch stete Beobachtung von Verdauung und körperlicher Leistung in Wettkampfsituationen hat sich bestätigt, dass wir nicht alles essen können, nur weil es gut schmeckt.

Dazu wollen wir kurz und stark vereinfacht auf dieses Thema eingehen: Unsere Nahrung gliedert sich hauptsächlich in drei große Stoffgruppen.

- Kohlenhydrate
- Eiweiße und
- Fette

Schon die Verdauung in unserem Körper trennt diese Stoffe untereinander.
Kohlenhydrate werden in Mund und Dünndarm, Eiweiß im Magen und Fette ebenfalls im Dünndarm, aber mithilfe der Gallenflüssigkeit, aufgeschlossen. Wenn wir diese Stoffe unbedacht miteinander mischen, verlängert sich die

Verdauungszeit, und die Nahrung belastet unser Verdauungssystem überproportional. In solchen Situationen fühlen wir uns richtig satt und glauben, dass dies normal sei. Aber daraus resultieren Müdigkeit und ein übermäßiger Verbrauch an Enzymen. Auch Verstopfung und Verdauungsschwierigkeiten werden dadurch gefördert.

Unser Ziel ist es, die Nahrung mit möglichst geringer Belastung der Verdauungsorgane aufzuschließen und den optimalen Nutzen daraus zu ziehen. Denn eines ist klar: Wir leiden in unserer Gesellschaft nicht an Nährstoffmangel, sondern wir können Mineralstoffe und Vitamine oft nur nicht mehr richtig verwerten.

Ein großes Thema in der Rohkost sind das zu süße Essen und die daraus resultierende Belastung der Bauchspeicheldrüse und der Leber. Blähungen sind ebenfalls leberbelastend und dürfen auf keinen Fall toleriert werden.

Blähungen entstehen nur durch die falsche Kombination von Nahrungsmitteln. Ein anderer Grund ist die Verdauungsgeschwindigkeit. Wenn Sie zuerst eine Mahlzeit mit den Hauptbestandteilen Eiweiß und Fett zu sich nehmen und als Nachtisch etwas Süßes oder frische Früchte, treffen sich diese Mahlzeiten im Magen und reagieren miteinander. Nüsse benötigen oft mehrere Stunden, bis sie den Magen verlassen. Rohkost ist unverfälscht und reagiert viel stärker als Kochkost. Deshalb sind falsche Kombinationen früher spürbar.

Zu viel Fett belastet die Leber ebenfalls. Bei dauernder Müdigkeit muss zuallererst auf Ernährungsfehler geachtet werden, denn der Schmerz der Leber ist die Müdigkeit. Leberbelastendes Essen merken Sie auch am Stuhlgang.

Da ein Zuviel an konzentrierten Stoffen von unserem Körper nicht verarbeitet werden kann, bieten sich chlorophyllreiche Lebensmittel an. Wir sollten nicht vergessen, genug Salat zu essen. Salat macht satt und versorgt uns mit wichtigen Stoffen.

Salat enthält Proteine, Fette und Kohlenhydrate, aber in so geringer Konzentration, dass beinahe jede andere Kombination möglich ist.

Ob Nüsse, Kokosnussdressing, Salatöl oder anderes Gemüse – mit Salat ist alles eine ideale Kombination.

Die Bananen-Heidelbeer-Smoothies harmonieren, weil reife Bananen keine Fruchtsäuren enthalten. Getrocknete Feigen und Datteln verlieren durch den Trocknungsprozess ebenfalls ihre Fruchtsäuren, und übrig bleiben in diesem Fall vor allem Kohlenhydrate.

In Heidelbeeren dominieren Pektin, Schleimstoffe und die wichtigen Polyphenole, und so entsteht beim Vermixen eine puddingähnliche Masse. Durch das Gewürz Zimt wird die Eisenaufnahme gesteigert.

Solche Mischungen sind für Menschen mit hohem Energieaufwand, Sportler oder Menschen, die zunehmen möchten, empfehlenswert.

Frisches Obst sollte unserer Meinung nach nur als Monokost gegessen, also nicht untereinander gemischt werden. Keine Birnen mit Äpfeln und Bananen. Obst reagiert miteinander.

Wir haben gute Erfahrungen damit gemacht, Obst nur am Vormittag zu essen, weil Obst sehr schnell verdaut wird, wird es vor den schweren Mahlzeiten gegessen. Nach fettreichen Mahlzeiten am gleichen Tag keine Früchte mehr essen.

Obst mit Wurzelgemüse ist auch eine sehr schwierige Kombination. Wir kennen nur Äpfel und Ingwer, die sich vertragen. Aber genau genommen ist Ingwer ein Gewürz, auch wenn er eine Wurzel ist.

Avocados sind ebenfalls schwierig zu kombinieren. Grundsätzlich sind sie Monokost und sollten nicht gemischt werden. Sie enthalten sehr viel Fett und Eiweiß, darum sind sie schwer zu verdauen. Einzig Bitterstoffe passen zu Avocado, beispielsweise Oliven oder Bittersalat.

Was passt zueinander:

- Salat: alle Salate, Tomaten, Paprika, Gurken, Fette, Kokosnüsse, Nüsse, Wurzelgemüse
- Kokosnuss zu Wurzelgemüse
- Nüsse passen zu Wurzelgemüse
- Obst passt zu grünem Salat und Wildkräutern

- Sprossen passen zu allen Salaten und Kokosnuss sowie zu Nüssen
- Fetthaltige Früchte (Oliven, Safu, Kokosnüsse) passen zu allen Salaten
- Schwarze Johannisbeeren, Heidelbeeren, Wildhimbeeren und Wildbrombeeren können untereinander und zu Salat gemischt werden
- Getrocknete Feigen, Datteln und Johannisbrot können untereinander und mit Banane gemischt werden

Was passt nicht zueinander:

- Tomaten und Wurzelgemüse
- Tomaten und Paprika
- Verschiedene Obstsorten untereinander
- Obst und Wurzelgemüse
- Obst und Sprossen
- Obst und Brennnessel

Avocado ist Monokost, außer Sie mischen ihn zu Bittersalat in ganz kleinen Mengen.

Wenn Sie den Geschmack von Zitronen lieben, empfehlen wir Zitronenmelisse oder Zitronengras. Zitrusfrüchte und Fette passen nicht zusammen.

Nach einer Früchtemahlzeit können Sie jederzeit Salat oder Karfiol [Blumenkohl] ohne Marinade essen.

Es gibt auch „Ausnahmesmoothies", bei denen gewisse Früchte aufgrund von Gewürzen wieder zusammenpassen. Das ist die Kunst der Synergie!

Aber: Auch wenn wir versucht haben, möglichst verträgliche Rohkostkugeln und Rohkostkuchen zu entwickeln – für jeden Tag sind solche Rezepte nicht geeignet, das ist etwas Besonderes. Es ist so, wie Sie auch nicht jeden Tag Eis oder Süßigkeiten essen sollten, weil das den Körper aus der Balance bringt.

Freunde gewinnen mit Vitalkost

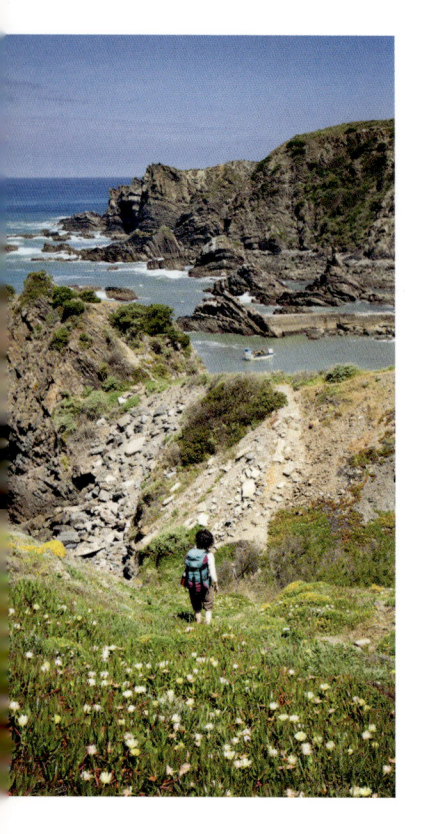

Wenn Sie Ihre Ernährung mit Rohkost bereichern, werden Sie merken, dass Sie automatisch viele neue soziale Kontakte knüpfen. Verständlich, denn Sie haben mit Ihren neuen Bekannten sofort eines gemeinsam: schmackhaftes, vitalstoffreiches Essen.

Es ist sehr interessant, sich über Zubereitungsmethoden, Rezepte und Bezugsquellen auszutauschen, und man wird durch einfache und wirkungsvolle Einfälle bereichert. Sehr interessant finden wir es, neue Rohkostbrot-Rezepte zu probieren. Toll, was da oft gemacht wird!

Gemeinsame Urlaube sind nur eine Möglichkeit, seine ureigene Ernährung zu leben. Es existieren Silvester-Rohkosttreffen, Friedenstreffen und Rohkosttreffen zu allen möglichen Anlässen. Die meisten sind sehr günstig und für die Beteiligten ein echtes Erlebnis. Auch Rohkosturlaube werden organisiert. So verbringen Gleichgesinnte auf Gran Canaria, in Thailand oder anderswo ihren Urlaub, motivieren sich gegenseitig und tauschen ihre Erfahrungen aus.

Bezugsquellen von Samen und anderem:
Urkornhof
www.urkornhof.at

Bezugsquelle für Öle:
Bruno Zimmer, Mittel zum Leben
www.brunozimmer.de

Bezugsquelle für Raygras:
www.samen-schwarzenberger.com

Hilfreiche Internetadressen:

http://baobab.org
http://rawger-arohma.com
www.koeglmayrjoseph.de
www.50plus.at
www.allesroh.at
www.biohof.at
www.bodenseeoel.de
www.brunozimmer.de
www.cgarvay.wordpress.com
www.changefood.net
www.daxer-krug.at/de
www.die-tierfreunde.de
www.die-wurzel.de
www.doctorsaredangerous.com
www.drgoerg.com
www.fnl.at
www.frischesweizengras.de
www.fruitsfromparadise.com
www.fuer-uns.de/gesundheit/index.php
www.granatapfelsaft.de
www.hausfrauenunion.at
www.kaffee-erleben.de
www.keimling.at
www.lebegesund.de
www.lifefood24.de
www.markusrothkranz.de
www.milch-den-Kuehen.de
www.moringahaus.de
www.naturkost.de
www.nat-ur-kraft.co.at
www.nuhrovia.com
www.olivenoel-info.net

www.orkos.com
www.power-trifft-design.de
www.prana.at
www.pure-life.ch
www.pureraw.de
www.rainbowway.de
www.rawfoodlifecoach.de
www.regina-rau.de
www.ringana.com/de
www.roh-vegan.de
www.tierlobby.de
www.tintling.com
www.tropenkost.de
www.urkostmitbrigitte.de
www.urshochstrasser.ch
www.vegan-sport.de
www.vitaverde.de
www.wecarelife.at
www.weiland-wissen.de
www.weizengras.de/s/kraftsaft.htm
www.zentrum-der-gesundheit.de

Die Autoren

Bruno Weihsbrodt, Jahrgang 1969, ist seit 26 Jahren erfolgreich als Software-Entwickler tätig. In seiner Jugend durch fortwährende Infekte und Krankheiten in seiner Lebensqualität beeinträchtigt, begann er sich schon sehr früh mit gesunder Lebensweise zu beschäftigen.

Die verschiedenen Ernährungsformen faszinierten ihn von Anfang an. Auf der Suche nach „seiner" Wahrheit probierte er nahezu jede mögliche Ernährung an sich selbst aus. So lebte er als Vegetarier mit Milchprodukten, als Veganer ohne jede Form von tierischen Lebensmitteln und bevorzugte mehrere Jahre lang nur Obst.

Die „Forschungsjahre" erstreckten sich über einen Zeitraum von 21 Jahren. In dieser Zeit begann er nicht nur Marathon und Bergläufe zu absolvieren, sondern dokumentierte alle körperlichen Reaktionen auf seine jeweilige Ernährungsform akribisch. So konnte er die Methode der Gemüse-Obst-Ernährung zusammenstellen, die ihn leistungsfähig und gesund hält.

Heute ist er dank seiner Ernährungsform körperlich so fit, dass er über die Jahre 131 Laufveranstaltungen, darunter Bergläufe und Marathons, absolviert hat. Von einem körperlichen Mangel ist bei ihm nichts zu beobachten!

Renée Weihsbrodt-Hauser, Jahrgang 1974, ist seit 1997 mit Bruno Weihsbrodt verheiratet. Durch ihren Mann mit dem Thema Ernährung konfrontiert, hat sie sich für eine vegetarische Ernährung entschieden.

Sie arbeitet selbstständig als Masseurin und Fußpflegerin und erzieht zwei Kinder. Sie hat die Rezepte in diesem Buch ausprobiert und zusammengefügt.

Sie wollen Kontakt aufnehmen?

Bruno Weihsbrodt vermittelt in Seminaren, welche Wildkräuter Sie essen können, und zeigt Ihnen die richtigen Kombinationen. Er veranstaltet Rohkost-Seminare, in denen Sie gemeinsam mit Gleichgesinnten verschiedenste Speisen, Smoothies, Kuchen und Salate zubereiten und ausführlich über die Vorteile dieser Ernährungsform informiert werden.

Ein weiterer Schwerpunkt des Autors ist Hilfestellung beim Aufbau eines Selbstversorger-Gartens auf Basis von Salaten, Früchten, Wildkräutern und Gemüse. Der Garten wird so angelegt, dass Schnecken und Wühlmäuse dem Erntesegen nicht mehr ernstlich schaden können. Es ist z. B. möglich, eine ganze Himbeerplantage ohne viel Aufwand in nur 2 bis 3 Tagen anzulegen.

Als erfahrener Kräuterreferent und Vorstandsmitglied des größten Kräutervereins in Österreich (FNL) bietet der Autor die Pflanzenausbildung „Volksheilkundlicher Kräuterkurs nach Ignaz Schlifni" an. Dieser Kräuterkurs, der mit einer offiziellen Prüfung zur/m „Kräuterexperten/in abschließt, findet einmal im Monat an einem Wochenende statt und dauert 1½ Jahre (2 Vegetationsperioden). Genaue Informationen darüber finden Sie unter: www.fnl.at

E-Mail: atinaimix2@hotmail.com
www.issgras.at

Es ist nicht göttlich, dass der Mensch leide.
Es gilt also auf der Basis unseres Verstandes und freien Willens,
den wir vom Schöpfer bekommen haben, nie müde zu werden,
zu lernen, zu forschen, die Gefahren zu erkennen, die auf uns
einwirken, damit wir diesen Gefahren ausweichen können.

Quellenangaben:

Jester Frank, Chlorophyll, Das grüne Blut

De.wikipedia.org/wiki/Lebensmittelfarbstoff

De.wikipedia.org/wiki/kurkuma

www.netzwissen.com/ernaehrung/rote-bete.php

de.wikipedia.org/wiki/Carotin

De.wikipedia.org/wiki/Johannisbrotbaum

Friedinger Martina, Hippokrates Nahrung, Die Lebenskraft in Gräsern, Algen und Keimen, Herausgeber und Verlag: Verein zur Förderung von Wellness und Selbsthilfe Steyr

Adiraja Dasa, Vedische Kochkunst, Die erlesensten Gerichte der vegetarischen Küche Indiens, The Bhaktivedanta Book Trust

www.kotanyi.at

de.wikipedia.org/wiki/Gewürz

Fritzsche Doris, Laktose-Intoleranz, GU Ratgeber Gesundheit

Morris Sallie, Mackley Lesley, Das Handbuch der Gewürze, Würzkunst, Warenkunde und 100 Rezepte, Kaleidoskop Buch, www.christian-verlag.de

www.info.kopp-verlag.de

Lampert Werner, Schmeckt's noch?, Was wir wirklich essen, ecowin Verlag der TopAkademie GmbH, 2005

Gewerkschafter/innen gegen Atomenergie und Krieg, Nummer 2, Juni 2013, Artikel Summ, Summ, Summ

Die „essbare" Stadt, In Andernach gibt's Obst und Gemüse für alle gratis, Freizeit Woche, Nr. 26, 19. Juni 2013-06-23

www.wesentlich-gmbh.de/unsere-projekte/andernach/

Salzburger Nachrichten, „Tommynator" schlägt Marathonmann, Hans Adrowitzer, 3. Juni 2013

de.wikipedia.org/wiki/echter_kümmel

www.zentrum-der-gesundheit.de/buchweizen.html

https://de.wikipedia.org/wiki/zimt

gesund.co.at/heilmittel-gewuerz-zimt-12428/

de.wikipedia.org/wiki/Eisenmangel

www.lebensmittellexikon.de/h0000320.php

Keime und Sprossen – DLR

www.slr.rlp.de/internet/global/themen.nsf/ALL8532A5015D5B-3432C125707500232E6F?OpenDocument

www.vitakeim.de

Grimm Hans-Ulrich, Leinöl macht glücklich, Das blaue Ernährungs-Wunder, Dr. Watson Books 2008

www.zentrum-der-gesundheit.de/alfalfa-gegen-autoimmunerkrankungen-ia.html

Hirsch Sigrid, Grünberger Felix, Die Kräuter in meinem Garten, Freya Verlag

Herer Jack, Bröckers Mathias, nova-Institut, Die Wiederentdeckung der Nutzpflanze Hanf, Cannabis Marihuana, Wilhelm Heyne Verlag München, 1996

Standl A. Josef, Ing. Dreiseitl Hellmuth, Dr. Stallmann Hans-Georg, Ing. Schmeikal Veronika, Kößler Adelheid, Salzburger Obst- und Bauerngartl, Verlag Dokumentation der Zeit, 5110 Oberndorf 1999

Fischer-Rizzi Susanne, Himmlische Düfte, Aromatherapie, Heinrich Hugendubel Verlag 1992

de.wikipedia.org/wiki/mais

www.sprossen-keimlinge.de/artikel/samen-sprossen-keimlinge/radischen

Nöcker Rose-Marie, Das große Buch der Sprossen und Keime, Wilhelm Heyne Verlag München 2012

www.zentrum-der-gesundheit.de/braunhirse-ia.html

de.wikipedia.org/wiki/Mungobohne

www.essen-und-trinken.de/mungobohnen#

www.wiberg.eu/de/fleischwaren/gewuerzlexikon/kreuzkuemmel-20

Frohn Birgit, Handbuch der psychoaktiven Pflanzen, Weltbild Verlag

Oberbeil Klaus, Kurkuma, Die heilende Kraft der Zauberknolle, Heyne Verlag

Die große Enzyklopädie der Heilpflanzen, ihre Anwendung und ihre natürliche Heilkraft

Nat-UR-kraft Renate Plankenbichler, Markt Nr. 80, 3345 Göstling/Ybbs, www.nat-ur-kraft.co.at

http://www.rohkostwiki.de/wiki/lucuma

freya Buchtipps

Renée und Bruno Weihsbrodt

Intelligente Ernährung
Lebendige Vitalkost mit Wildkräutern

Niemand, der sich fleischlos ernährt, muss Mangelerscheinungen in Kauf nehmen. Bruno Weihsbrodt zeigt, wie man mit Rohkost die Übersäuerung des Körpers vermeidet, Verdauungsstörungen beseitigt und ganz von allein überflüssige Kilos verliert. Mit klassischen Ernährungsmythen wie dem scheinbar gesunden Müsli oder dem gefürchteten Eisenmangel bei Vegetariern räumt der Autor gründlich auf. Mit diesem neuen Wohlbefinden ist ein Mehr an Lebensfreude garantiert.

ISBN 978-3-99025-095-2

Siegrid Hirsch

Die besten Gemüse- & Kräutersmoothies
Salate, Wildpflanzen, Gemüse und Obst in den Mixer

Warum nicht mal einen Salat im Glas servieren? Verwöhnen Sie sich mit der vollen Vitamindosis. Aus dem alltäglichen Gemüse, aus Salat und sogar Wildpflanzen, lassen sich interessante und wohlschmeckende Smoothies zubereiten. Alle essenziellen, das heißt lebensnotwendigen Pflanzenstoffe wirken in unserem Körper wie die Zündkerzen im Automotor. Sie starten unseren gesamten Stoffwechsel. Die winzigen Bestandteile sind in selbst gemachten Smoothies reichlich vorhanden.

ISBN 978-3-902540-92-8

Daniela Friedl

Schnelle vegane Küche
sojafrei & einfach

Sie haben genug von Nudeln mit immer derselben Tomatensoße? Eintöniger Blattsalat ist Ihnen zu wenig und die vegane Currywurst reißt Sie schon lange nicht mehr vom Hocker? Daniela Friedl zeigt, dass vegane Küche ohne Soja- und Fleischersatzprodukte auskommt und trotzdem viel zu bieten hat. Die Gerichte sind unkompliziert und können in nur dreißig Minuten nachgekocht werden. Die vielseitige Rezeptsammlung reicht von Suppen und Snacks über Brotaufstriche bis hin zu schnellen Hauptmahlzeiten und köstlichen Desserts für Naschkatzen.

ISBN 978-3-99025-115-7

---

www.freya.at